1小時就懂的精準溝通課

李尚龍 著

萬里機構

目錄 CONTENTS

PART 1

語言和思維

PART 2

高效能溝通，消除人際焦慮

PART 3

升級你的
職場溝通能力

PART 4

成為生活中的
溝通高手

PART 5
講故事是每個人
必備的能力

PART 6
面對衝突時，
該怎麼辦？

PART 1

語言和思維

有時候，我們說過的話，
很可能會影響我們的一生。
仔細想想，當我們在遇到一件事時，
隨即不假思索的反應和
表現出來的語言體系是甚麼？
這些語言時常說着說着，
就進入了我們的潛意識，
而潛意識如果深入到意識裏去，
就很可能影響我們的命運。

01 語言的魅力

　　語言是很有魅力的，尤其是我們中國的語言。這些年，我遇到很多在美國待了幾年的中國人，他們的英語基本上可以無障礙交流。但很多來到中國快十年的外國人，講出來的中文還是相當蹩腳，甚至有些外國人來中國很久了，還在糾結於類似「前門到了，請從後門下車」這句話到底是從前門還是從後門下車。他們跟中國女孩子談戀愛，完全看不懂「我想我是時候跟你說再見了」到底是想再見他，還是不想再見他。

　　一句話有好幾層含義，這並不是中文的特例，其實仔細觀察，英文也有很多這樣的例子。我也問過很多學日語、意大利語、法語的朋友，其實每種語言，都有這種俏皮的話。

直接地說出意思來

　　中國人語言體系的特別之處還在於，你不僅要聽對方說的話，還要明白對方的音調和態度。所以很多人如在通訊軟件聊天時不加表情，很容易吵起來。有時候一句「呵呵」就會讓兩個人的衝突瞬間爆發，因為許多話不僅要考慮這句話本身，還要猜測它背後的意思，才能真正理解。這就跟其他國家的語言很不一樣。

此外，中國人的表達比較含蓄。外國人大多喜歡直接表達，如他們在路上看見一個很好看的女性，會直接說「你很漂亮」，但在中國人的社會裏，如果你跟一位女性說「你很漂亮」，她多半會把你當流氓。外國人早上起來，親人之間會說 "I love you"，中國人就很難說出口了。

溝通是一門藝術，更是一門心理學，很多時候我們只是在「溝」裏，卻沒有讓心相「通」，這樣誤會就來了。

雖然能說出一句話有兩個意思的句子很帥，但好的溝通，原則上最好不要有歧義，最好能直接表明觀點。我讀過孫路弘先生的《說話的力量》，曾說過一個故事。

> 家用電腦剛剛進入社會時，許多人對電腦還一竅不通，有一次，一位用戶打來電話。
>
> 客服說：「您桌面上有一個『我的電腦』圖標，看見了嗎？」
>
> 用戶說：「對，我桌面上是有一台電腦。」
>
> 客服說：「您桌面上還有一個開始鍵。」
>
> 用戶說：「我桌面上沒有開始鍵，就只有一台電腦啊！」
>
> 這時用戶已經徹底崩潰了，我想客服一定更崩潰，但幸好客服通過解釋，化解了這次溝通危機。

語言的限制及謬誤 "

在職場、家庭和朋友圈子裏，如果能一句話只表達一個意思，交流會簡單得多。

網上有個說法，當女孩子說「不要」的時候，其實是想要。我不同意這樣的論斷，這樣看似能幫助男生了解女生，卻往往會帶來更大的誤解；但生活中確實有很多人總是言不由衷，甚至是說一套、想一套、做一套。所以，我上課的時候，經常跟學生說，你要想了解一個人，千萬不要看他怎麼說，要看他怎麼想和怎麼做，因為語言具有欺騙性。我們的語言進化到了今天，雖然已經過了幾百萬年，但依舊有很多詞和句子沒有進化完整。我曾組織過很多次讀書會，為了測驗大家對同一本書的理解，我鼓勵大家做筆記，並把筆記放在網上供大家一起討論和分享。結果好玩的事情發生了，明明大家讀的是一本書，講出來的東西竟然都不一樣。就比如他們在讀《你只是看起來很努力》時，他們有些人說這本書在講理想，有些人說在講愛情，還有些人說在講和父母的關係，還有人告訴我，這本書的作者真帥，跟我一樣……

但本質上，每個人講的都是和自己有關聯的事情。

這就是大腦給我們帶來的謬誤，我們每個人看到的東西和想表達的完全不一樣。同時，語言也有自己的限制，因為直到今天，我們還沒有辦法表達出一些特有的內容和感情。

正向的表達方式

　　著名的進化心理學家羅賓・鄧巴（Robin Dunbar）
就在《梳毛、八卦及語言的進化》說過，「語言」只能維
持 150 人的社交關係。就是說，當一個社群中超過 150
個人，你的話便沒辦法做到群體效應，這就是鄧巴數
字。鄧巴這一套理論提出了好多年，直到今天依舊沒有
過時。如今，各種通訊軟件、郵件、手機都已經如此普
及，但我們通過語言維繫的社交關係還是只有 150 人。

　　技術改變了，鄧巴數字卻沒變，我們還是沒辦法
和 150 人同時溝通點甚麼並確保不被誤解，所以才有人
說，被誤解是表達者的宿命。

　　語言的魅力還在於，它甚至可以從外到內地影響和
改變人的生活，比如《作死不離三兄弟》裏的蘭徹，他
在遇到困難和麻煩時，第一反應是默念 "all is well"（一
切都好）；實驗表明，當一個人學會了一種正向的表達方
式時，他更有可能通過自我暗示有所突破，這就是我們
說的「口乃心之門戶」。換句話說，當一群人對一件事
情都很樂觀，而你剛好在這群人中，你的樂觀也會隨之
而來。

02 語言決定我們的思維

語言能否影響思維？

不知道你是否還記得「望梅止渴」的故事，它出自《三國演義》。曹操帶領的部隊找不到水源，士兵們十分口渴，影響了行軍進度。為了振奮士兵的精神，曹操謊稱前方有一片梅林，結出的梅子又甜又酸，可以解渴，並把這件事在軍中傳播開來。很多士兵聽後流出了口水，精神也為之一振，於是部隊加快行軍，很快就找到了水源。

我是想跟大家分享：語言豈止影響人的思維，甚至可以影響人的身體。只不過是簡單的一句話，能讓口渴的士兵流出了口水，還影響了他們的精神狀態，語言就是有這樣的「魔力」。

我們也有過深夜跟朋友聊燒烤、燴麵、火鍋，忽然流口水的經歷，儘管我們甚麼都沒吃。

《小王子》的作者，法國作家安東尼・德・聖・埃克蘇佩里（Antoine de Saint Exupéry）說：「一個人可以通過思考將一堆亂石變成一座宏偉的宮殿。」而語言是思維的載體，換句話說，那一塊塊石頭就是我們的語言。

字詞直接影響思維 ”

如果一個人整天都在正能量的語言體系中，他不可能是一個持續悲觀的人；所以一個成天數落老公的女人，她老公的失敗自己也一定要負一些責任。語言，是我們生命的福音或詛咒。在不同的語言環境下，人能表現出的狀態肯定不同。

不同語言的差別比我們想像的還要大。

雪，在因紐特人的生活中特別重要，因為因紐特人在生活中整天都跟雪打交道，因此他們會用十幾個單詞描述不同狀態的雪。而對中國人來說，就只有「雪」這一個詞。

新畿內亞高地的丹尼人的語言中，只有兩個有關顏色的詞：「黑」和「白」；而霍皮人（北美印第安部落）的語言裏沒有任何詞、語法形式、結構或者表達方式用以直接表明我們所說的「時間」。

在英文中，你找不到任何一個英文單詞和「孝順」對應。

這些缺乏的語言，直接或者間接地影響着人們的思維。

英國作家喬治・奧威爾（George Orwell）的名作《1984》中，專制政權為了控制人民的思想、消除政治異端，推行了一種全新的語言 ——「新話」。這種語言雖然建立在英語的基礎上，但是在那個專制的世界裏，像 "justice"（正義）、"science"（科學）、"religion"（宗

教）等詞都被取消了。而 "free"（自由）一詞雖然被保留了下來，但只能表示「沒有」、「免費」的意思。在「新話」發明者看來，思想是依存在語言上的，也就是說，如果語言中沒有了「自由」一詞，人們的思想也就沒有了「自由」的概念，也就不會去反抗專制統治了。

所以，久而久之，上一代人會離開，下一代人會長大，在這個新語言環境中長大的人，就不太可能反政府了，因為他們思想的載體 —— 語言丟掉了。

語言決定思維、決定文化

有時候，我們說過的話，很可能會影響我們的一生。仔細想想，當我們在遇到一件事時，隨即不假思索的反應和表現出來的語言體系是甚麼？

我們有多少話語是沒經過大腦就說了出來？這些語言時常說着說着就進入了我們的潛意識。而潛意識如果深入到意識中去，就很可能影響我們的命運。

有位心理學家說：「語言不僅僅會影響我們的思維，它還會決定我們的思維，最後決定我們的文化。」

這個假說，就是心理語言學上著名的薩丕爾 — 沃爾夫假說（Sapir—Whorf hypothesis）。

美國人薩丕爾及其弟子沃爾夫甚至還提出，所有高層次的思維都依賴於語言。薩丕爾 — 沃爾夫假說有兩個主要觀點：

1. 語言決定論

語言決定論的核心思想是 —— 語言決定了我們對世界的認知，我們甚至可以通過控制語言來控制思維，而通過控制思維，你就可以控制行動。

2. 語言相對論

語言相對論指的是 —— 不同的語言不能表示同一個社會的現實。

例如中國古代的青樓、鏢局和科舉很難翻譯成英語，而西方的美式咖啡、拿鐵（Latte）、卡布奇諾（Cappuccino）、菲力牛排我們也只能強行翻譯成中文。一種語言背後是一種文化，你的英語再好，也沒辦法翻譯出中國文化。

這就可以解釋為甚麼殖民者佔領一個地方，第一件事就是要從教育上磨滅被殖民者原有的語言，讓他們學習新的語言。因為通過語言的殖民，就自然實現了思想的殖民、文化的殖民，最後徹底消滅了殖民地的傳承。如果你看過電影《賽德克・巴萊》，你就會知道，為甚麼有些人就算拼了命，也要保住自己民族的語言。因為語言，也是這個族群文化的依託。

薩丕爾 —— 沃爾夫假說在提出後，我的理解是這樣的 —— 語言的確會影響我們的思維，但是它不能完全地決定我們的思維，我們的思維也可能受到除語言之外的事情影響。至於是甚麼，可能是環境，可能是時代，也可能是基因……

所以我認為，語言、思維兩者是交織在一起，互相影響、共同成長的。

　　對我們來說，努力用一些正能量的話去溝通、去闡述，並養成習慣，也是改變思維的一種方式。這些年，我們看到越來越多的人喜歡用社交工具交流，於是從社交工具的領域裏誕生了很多網絡用語，這些網絡用語，原本在口語世界裏是不存在的，這些詞語的使用和流行會使我們的未來有甚麼變化呢？是會禁錮我們的思想，還是會讓我們看到更大的世界？

　　我們不知道，我們只能朝着未來，期待着曙光，當然，也不要讓自己忘記那些曾經的話語。

PART 2

高效能溝通，
消除人際焦慮

「有效社交」
——就是與他人進行高效而順暢的溝通，
並且能隨時靈活應對和解決各種突發狀況，
順利推進和落實自己的要求和建議，
從而為自己營造更良好的社會關係。

　　人和人之間比沒話說更可怕的，是帶有攻擊性的語言。我曾有段時間不知怎麼了，只要在家裏，就很容易跟爸媽吵架。後來問了身邊的朋友才知道，他們也或多或少有過這樣的經歷 —— 一言不合，就和父母吵了起來，這是因為兩代人溝通時有代溝。

　　後來我又意識到，我的語言裏充滿着暴力因素。有本書在一定程度上幫助了我，就是《非暴力溝通》，我覺得無論是父母還是子女，都應該學會這本書中的溝通方式，學會不傷害別人。

　　非暴力溝通其實是一門很重要的學問，仔細觀察身邊的人，話語中總是夾雜着暴力溝通。

　　老公對老婆：「就你事多，你到底能不能快點啊？」
　　老婆對老公：「喝，喝，就知道喝，你喝死算了！」
　　老師對學生：「這道題都能錯，你怎麼這麼笨呢？」
　　上司對下屬：「你一天到晚遲到，你是懶惰嗎？」

　　這些其實都屬暴力溝通，但凡是暴力溝通都會傷人，甚至會引起肢體衝突。更加遺憾的是，這種暴力溝通傷害最多的往往是我們自己身邊的親人或者朋友。最愛我們的人，卻被我們傷害得最深。

非暴力溝通 ❞

　　1984 年，《非暴力溝通》的作者盧森堡博士
（Marshall B. Rosenberg, PhD）成立了非暴力溝通中
心，專門指導別人進行非暴力溝通。

　　甚麼是非暴力溝通？

　　非暴力溝通（NVC Nonviolent Communication），
也被稱作「愛的語言」，大家都知道早年甘地在印度發
起的「非暴力不合作運動」，即不用暴力反抗，但絕對
不服從，可以用暴力對待他們，但他們堅決不合作。
非暴力溝通方式正是在印度聖雄甘地的理論基礎上發明
的。仔細想來，過去那段容易和家人發生矛盾的日子
裏，我的很多話，都是不經過大腦，想怎麼說就怎麼
說，所以很容易傷害到家人。轉念一想，我的家人也同
樣是不經過大腦，想怎麼說就怎麼說我，這樣看來，暴
力溝通真的存在於每個角落。

　　非暴力溝通有甚麼好處？

　　舉個例子：有一次，盧森堡博士被邀請到巴勒斯坦
做一場演講，大家知道，以色列和巴勒斯坦一直矛盾重
重。他一上台，很多巴勒斯坦人就開始罵盧森堡，叫他
滾出巴勒斯坦；而他卻不緊不慢，開始用非暴力溝通的
方式跟台下的人交流起來。後來演講結束，台下的巴勒
斯坦人還邀請他去家裏做客。所以，良好的溝通會產生
巨大的能量，把暴力轉化為愛。雖然做到很難，但可以
明確的是，以暴制暴，只會滋生更多的暴力。

　　我曾看過一則新聞：一個青年用長刀捅了放學的學

生，造成 9 死 10 傷。

　　為甚麼會這樣呢？因為該青年過去也曾遭受校園暴力，他一直懷恨在心，所以才有了如此瘋狂的行為。暴力滋長暴力，暴力只會讓世界越來越糟。

　　最開始的暴力，基本都是語言的暴力。為甚麼好好的語言會演變成暴力行為呢？主要有四個原因 —— 道德評判、進行比較、迴避責任和強人所難。

　　可見，我們的語言是多麼容易攻擊別人。

1. 道德評判

　　道德評判的表現就是喜歡給別人貼標籤。有些人非常喜歡給別人貼標籤，因為這樣很簡單地就可以把人分成等級。其實亂給別人貼標籤恰恰是對人最大的不尊敬。

　　比如你看到一個人衣服髒了，你說他是個不愛乾淨的人；你看到別人考試失利了，你說他是個失敗者。

　　一貼標籤就成了道德評判，這些話只要說出來，就一定會造成暴力攻擊。這一刻，你的偏見也就產生了。所以，最好的方式是只說事，不要貼標籤。人是極其複雜的，每個人都有很多面，怎麼能被幾個標籤束縛呢？但標籤就是這麼殘忍，它強行把人塞進了各種各樣的套子裏。所以，人要多去描述事實，不要總是亂貼標籤。看到別人衣服髒了，你的表達就只是 —— 你看你的衣服髒了；看到別人考試失敗了，你應該說 —— 你上次考試名落孫山了，我們總結一下原因吧！

　　貼標籤這樣的道德評判，讓你原本的關心變成了責怪，責怪又成了暴力。所以，在跟別人交流的時候，請

一定問自己一個問題，我是不是開始道德評判了？

　　對於我們來說，平時交流就要養成一個習慣——不要總是評價別人，知人識人不評人，是個好習慣。某網站最多的一個問題就是「如何評價×××」。這個是很討厭的問題；換位想想，你怎麼評價自己？你可能會發現，你自己對自己的評價都不完全，憑甚麼讓別人三言兩語就把你評價了呢？這種溝通，一旦從網絡上變成面對面的，衝突就出現了。

2. 進行比較

　　我們的話語裏，很容易找出攀比的痕跡，比如我們誇別人的時候會說：「他真棒，我都沒做到」；我們批評別人的時候會說：「他怎麼能這樣呢，我都不會這麼做」。如果我們始終不能平心靜氣地看待別人，也就不能和別人處於一個平等的關係。如果關係不平等，交流時一定是一個在上面，一個在下面，兩個人就處於相互攀比的狀態。

　　為甚麼參加同學會的時候，大家交流起來都特別累？因為許多同學會本質上都不是為了交流，而是攀比。當然，我們不能管別人，如果一個人的話語裏流露出跟你比較的態度，你就別理他。但如果你經常流露出這種比較，那就要試着反省一下自己了。比較可以是自己和自己的比較，不應該是自己和別人的攀比。

3. 迴避責任

　　迴避責任這一點，在家庭生活裏尤為常見。

有一次，盧森堡在與家長和老師討論迴避責任所帶來的危險這話題時，一位女士氣憤地說：「但有些事，你確實不得不做，不管你是否喜歡！我認為，告訴孩子有些事他們也不得不做，並沒有甚麼不對。」盧森堡很詫異，請她舉例說明甚麼事是她「不得不」做的，她有點不屑地回答：「這太容易了！今晚離開這裏後，我不得不做飯。我討厭做飯！我早就受夠了！但二十年來，每天我都不得不回家做晚飯。即使有時累得像一條狗。」盧森堡告訴她，聽到她長期做自己討厭的事情，他很難過。他希望非暴力溝通能幫她找到解決辦法。

　　三個星期後，她的兩個兒子也參加了研討班，這讓盧森堡有機會了解他們是怎麼看待母親的行為。大兒子歎道：「我剛和自己說，感謝上帝！」看到盧森堡困惑的表情，他解釋說：「也許她終於可以不在吃飯時發牢騷了！」

　　孩子的態度竟然有些讓盧森堡意外 —— 你不做就不做，比起做飯，看見你發牢騷我更難受。

　　如果我們讀過《高效能人士的七個習慣》，會知道成功的第一個重要習慣就是主動；所謂主動，就是要去承擔自己的責任，而不是一味地推給別人。

　　比如有些老師發現自己不得不評級；有些學生認為自己不得不考試；有些女士發現自己不得不做飯，這樣的「不得不」的本質就是逃脫責任。

　　所以，正確的語言表達應該是這樣的：「我選擇××，是因為我想……」

老師說：「我選擇評級，是因為我想保住工作。」

學生說：「我選擇考試，是因為我想有更好的發展。」

女士說：「我選擇做飯，是因為我希望孩子們吃上我做的飯。」

這樣，暴力溝通就會減少很多。

4. 強人所難

強人所難是如何讓交流變成暴力的呢？

有些句式時常出現在我們身邊——「你應該」、「你不應該」、「你必須」……這些話一旦說出口，暴力就出現了。

很多家長喜歡把自己的意願強加給孩子，於是不停地說：「你應該這個時候學習，你不應該再玩 iPad……」事實上，家長愈強迫孩子做一些不喜歡的事情，就愈容易變成暴力溝通。

在盧森堡看來，一個眼神、一個手勢、一個不經意間的表情，都可能會是引發暴力的罪魁禍首。所以，如果只是簡單地掌握了一門說話技巧，那並不能讓你的生活有所改變。換句話說，一個對世界充滿惡意的人，看甚麼都不會順眼，一個懷着這種仇恨心態的人，在生活中肯定是經常陷入暴力溝通的。但千萬別忘了，如果你在被暴力威脅，還有一句話更重要——忍無可忍，毋須再忍。

給自己適時和解 ,,

溝通只是一種表達的方式，當一個人總是陷入暴力衝突當中，問題的關鍵有可能不在於他說話的方式，而在於他對自己和這個世界的看法。

有時候人對自己的看法，也會引起暴力衝突。比如，你一直覺得自己是個工作比較細緻的人，忽然有一天做錯了一件事，你的第一反應肯定會非常自責，對自己產生暴力：「我真是個廢物，我真傻，我怎麼連這個事兒都做不好？」

其實理性分析，沒有人可以把工作做到萬無一失，誰又能永遠不犯錯呢？但你一旦說自己傻，說自己是個廢物，這個標籤一貼，你對自己的看法就是冷酷的、苛刻的，重要的是暴力的。一個人總對自己這樣，那麼對朋友、下屬也容易這樣。很多對自己要求特別嚴格的人，往往容易造成兩個結果，要麼把自己逼瘋，要麼把別人逼瘋。跟自己和解，接受自己的不完美，也是我們終生要學習的事情。

這裏有個很重要的話題可以探討，就是人性到底是本善還是本惡。我覺得兩者都有，但這一切取決於你相信甚麼。在盧森堡博士看來，一切暴力行為的背後，其實都隱藏着「性本惡」的價值取向。如果你認為人的本性是醜陋的、可惡的，那麼你自然會用相應的暴力方式去應對。這時你就會陷入暴力當中。但當你認為人的本性是善良的、積極的，那麼你就會用相應的溫柔的方

式去應對，自然也會離暴力因素越來越遠。你自己就是生命的鏡子，你看到了微笑，是因為鏡子前的你，正在微笑。

非暴力溝通四要素

怎樣對話才能避免暴力溝通呢？下面我要講的是非暴力溝通的四要素。

我曾經參加過一次加拿大作家協會的交流活動，有一個朋友特別有意思，他的電腦屏幕上顯示着英文的非暴力溝通的四要素，以此來提醒自己說話的時候一定注意。

我們先聲明，這四條雖然簡單，但改變卻不是一朝一夕的，需要大量的時間修煉和訓練。

這四個要素分別是 —— 觀察、感受、需要和請求。

1. 觀察

首先，我們一定要區分觀察和評論。觀察就是觀察，從客觀的角度。評論不一樣，評論是從自己的角度，而且評論多半包含着批評。

非暴力溝通的第一個要素是觀察。如果將觀察和評論混為一談，別人就會傾向於聽到批評，並反駁我們。非暴力溝通是動態的語言，不主張絕對化的結論。它提倡在特定的時間和情境中進行觀察，並清楚地描述觀察結果。

例如，它會說「歐文在過去的 5 場比賽中沒有進一個球」，而不是說「歐文是個差勁的前鋒」。這需要長時間練習，我摘抄了《非暴力溝通》裏的幾個經典例子：

　　‧「哥哥昨天無緣無故對我發脾氣。」──「無緣無故」是評論，我認為說哥哥發脾氣也是評論。他也可能只是感到害怕、悲傷或別的。

　　‧「昨晚妹妹在看電視時啃指甲。」── 這是觀察。

　　‧「開會時，經理沒有問我的意見。」── 這是觀察。

　　‧「我父親是個好人。」── 我認為「好人」是評論。應該這樣描述觀察結果而不含任何評論：「在過去的 25 年中，父親將他工資收入的十分之一捐給了慈善機構。」

　　‧「邁克的工作時間太長了。」── 我認為「太長了」是評論。應該這樣描述觀察結果而不含任何評論：「本週邁克在辦公室工作了 60 小時以上。」

　　‧「亨利很霸道。」── 我認為「很霸道」是評論。應該這樣描述觀察結果而不含任何評論：「亨利在他姐姐換電視節目頻道時，撞了她一下。」

　　‧「本週彼得每天都排在最前面。」── 這是觀察。

　　‧「我兒子經常不刷牙。」──「經常」又是評論，應該這樣描述觀察結果而不含任何評論：「本週我兒子有兩次沒刷牙就上床睡覺了。」

　　請務必多去訓練一下，觀察和評論一定要分開，這樣家庭生活會和睦很多。

2. 感受

請把感受和想法區分開，感受是自己的情感流露；想法是自己對某事情的評價。

· 想法

我覺得我結他彈得不好。

在這個句子中，我只評價了自己結他彈得好不好，而沒有表達感受。

· 感受

作為結他手，我有些失落。

作為結他手，我很鬱悶。

作為結他手，我煩透了。

有機會，要多建立與自己感受有關的詞彙表，如開心、沮喪、悲傷、難過……而且多使用這些詞，表達自己的感受，例如老公總是回家很晚，你別總是罵他，應該表達你的感受 —— 你總是晚上 12 點才到家，我感覺自己很沒有安全感、很孤獨。

3. 需要

所謂需要，就是先分辨出我需要的具體東西是甚麼。當我們向別人提出需求時，請清楚地告訴對方，我希望他們做甚麼 —— 具體做甚麼。

如果我們請求他人不做甚麼，對方也許會感到困惑，不知道我們到底想要甚麼；所以要明確說明，希望他們做甚麼。

曾經有一位女士談道：「我請我先生少花一些時間在

工作上。三個星期後，他和我說，他已經報名參加高爾夫球比賽了。」為甚麼會發生這樣的事情呢？因為這位女士說出了她不想要甚麼 —— 她不希望先生花太多的時間在工作上，但她竟然沒有說清楚她想要甚麼。

其實她可以這麼說：「我希望你每週至少有一個晚上在家陪我和孩子；我希望你每天可以在晚上 12 點前回來。」

4. 請求

簡單來說，請求就是要<u>請求反饋，這樣才能確保對方準確理解我們的意思</u>。有時，問一句：「我的意思您清楚了嗎？」然後，對方表個態就足夠了。我們上課的時候特別喜歡問學生，你懂了嗎？這樣的請求反饋不好，應該問：「我講清楚了嗎？」這樣更親切一些。

有一位老師和她的學生說：「今天批改作業時沒有看到你的作業本。我想知道，你是否清楚我上次設計的作業。放學時，來我辦公室一下好嗎？」學生咕噥了一句：「好，知道了。」然後，他就轉過身去，準備離開了。這個時候，反饋很重要，老師叫住他：「麻煩你說一遍我剛才請你做的事情好嗎？」學生回答：「放學後，我沒法看足球賽了，因為你要把我留下來做作業。」

當對方給予反饋，請表達我們的感激。如果對方不願反饋，我們也應該傾聽他的感受和需要。

因為以上的學生很坦率地做出了反饋，老師先向他表達了謝意。她說：「謝謝你給我反饋。我想我說得

不夠清楚，我的意思是，放學後，我給你講講我上次的作業。」

你看，這樣很親切的一段對話就成立了。

總結一下，觀察、感受、需要和請求，這就是非常著名的非暴力溝通的四要素。

用非暴力言詞化解矛盾

我們可以簡單練習一下，例如看到一個同事把一份商業機密文件隨手放在會議室，你應該怎麼說？你肯定十分生氣，但請記住不要發火。很多同事和上司特別喜歡發火：「你有沒有記性？你這是要做甚麼？」這樣說沒用，反而容易激化矛盾。

正確的非暴力溝通應該是這樣的──「剛才給你的重要文件我發現你沒收起來，放在公共會議室（觀察），我擔心不太安全（擔心不安全──感受），還是請你注意妥善保存（需要），我的意思清楚了嗎（請求）？」這一套下來，人和人的關係就平等了很多。

當然，請記住，非暴力溝通告訴你的永遠不是不要表達你的憤怒。相反，你應該合理表達自己的憤怒，因為在這個互聯網世界裏，許多完全沒有關係的人都有機會相遇，尤其是有些人本來就是來傷害你的，這個時候，就要合理發洩自己的憤怒。

但切記，不要因為無知，用言語傷害愛你的人。

04 夫妻間如何減少矛盾，達到有效溝通？

　　你可能沒讀過約翰‧格雷（John Gray）的暢銷書《男人來自火星，女人來自金星》，但一定聽過書名，不過我並不準備與你探討男人和女人有哪些不同，強調他們不在一個世界裏，我是要帶着你走進一個更深層次的領域。如果他們就是處在一個世界裏，我們應該怎麼處理與對方溝通的問題。

　　夫妻間的矛盾大多跟金錢有關，這就是「貧賤夫妻百事哀」的由來。所以對於普通夫妻來說，努力賺夠錢，矛盾就可以減少一大半，溝通也會變得順暢。除此之外，還有一些溝通技巧也能改善彼此的關係。

夫妻間之尊重 ”

　　約翰‧戈特曼（John Gottman）是美國華盛頓大學心理學教授，也是西雅圖人際關係研究所的所長。在戈特曼的愛情實驗室裏，進行了長達 40 年的婚姻關係研究，整個實驗，有近 700 對夫妻共同參與。這段特別的經歷讓戈特曼對婚姻關係有了極其深刻的理解，戈特曼只要觀察和聆聽一對夫妻 5 分鐘的談話，能預測出他

們將來是否會離婚，預測準確率高達 91%。

　　我雖不知道這數據的真假，但我知道，許多時候，光從夫妻的談話裏，就能看出很多問題，例如當老公在飯局裏滔滔不絕時，老婆忽然說一句：「是嗎？」僅此兩個字，就可以判斷出兩個人的關係很糟糕，因為當着外人，太太竟然表達了鄙視。鄙視是夫妻對話中最忌諱的態度，有時候鄙視比外遇的殺傷力還要大，許多無法挽回的破裂，本質都是因為互相鄙視或單向鄙視造成的。所以，除了學會非暴力溝通之外，夫妻之間還要學會互相尊重。這一點十分重要。當代的夫妻關係，雖然不需要再舉案齊眉，但至少要做到彼此尊重。尊重體現在很多地方，如在一方做完飯，另一方至少應該說一聲謝謝，而不是甚麼都不說。吃了一口說「鹹了」，想當然地覺得一方就應該伺候另一方，這都是不尊重的表現。

　　比夫妻間溝通更複雜的，應該是夫妻再加上孩子和雙方父母的溝通。有一個經典案例是這樣的：

　　妻子聽說公公婆婆週末要來，就在她最喜歡的西餐廳為全家訂了週末晚宴。誰也沒想到，婆婆來了以後，堅持要在家裏吃，因為她帶來了兒子最愛吃的燉小牛腿，這是她親手烹飪的。問題來了，這時候丈夫應該怎麼選？他知道妻子害怕自己母親的拜訪，在婆婆的眼裏，妻子雖然很可愛，但沒甚麼能力，更不會做飯；在妻子眼裏，婆婆善於烹調，可總是搶盡風頭。丈夫在這一刻，如果決定在家吃，妻子必然會不高興；如果決定出去吃，媽媽可能也不高興。如果你是這位丈夫，此時

此刻，會怎麼辦？

約翰・戈特曼（John Gottman）在《幸福的婚姻》一書裏給了我們答案。

其實說來也怪，我們在使用任何新物品的時候，都會看一眼說明書，可是，為甚麼在結婚前，卻從來不做功課、不讀書；一拍腦袋就結了？這就導致這些年失敗的婚姻比比皆是，我指的失敗婚姻並不是離婚（因為離婚有時候也許是成功的），而是兩個人明明可以交流，最後卻放棄了或無法交流。前些時候，許多地方迎來了離婚潮，這背後的原因，我想很大程度跟溝通有關。其實也可以理解，如果夫妻間常常以苛刻的語言開始一場談話，談話中經常出現批評、鄙視、辯護、冷戰，對配偶和婚姻有着很深的負面看法，平時忍受不了還可以轉身出門，可是在疫情期間，出門意味着有危險，那應該怎麼辦？於是，在疫情相對穩定時，婚姻的破裂就開始爆發了。

其實想要很好地溝通並不難，以下這三個方法可以試試。

方法 1：激活你的讚美系統

有個丈夫是工作狂，對家裏的事不聞不問，每天回到家都是深夜，到了家就睡覺。妻子是全職帶孩子做家務。久而久之，妻子的忍耐到了極限，只要丈夫回家，兩個人就會爆發爭吵，丈夫為躲避家庭，更不願意回家

了，只從工作中尋求快樂。時間長了，兩人都覺得挺沒意思的，也沒甚麼話可以說，乾脆打算離婚了。

但是幸好，他們在離婚前決定試試婚姻諮詢。

婚姻指導師做了一件事，逆轉了這段快要崩潰的感情。他讓他們談談早年的戀愛生活。

丈夫回憶說，當初為了讓妻子和她的家人能接受自己，他經過了一番長時間的努力，還說了很多他們剛在一起時的事情。妻子從沒聽丈夫說過這些，令她更意外的是為贏得她的芳心，丈夫曾經那麼用心和努力，她十分感動，妻子也誇丈夫那個時候是多麼理解她、多麼懂她。丈夫說，我現在不理解你、不懂你嗎？就這樣，兩個人開始聊了起來。經過這次聊天，彼此的關係反而變好了。

誰也沒想到，原本要崩潰的婚姻就這麼被拯救了。

他們之所以重歸於好，其實除了對彼此的讚美，還有一個原因，幾乎所有夫妻的早期戀愛都很甜蜜，要不然，他們也不會決定結婚。愛是人世間最美好的事情，可惜的是，愛也會消失。但更幸運的是，愛還會被喚醒。

不久，丈夫對工作做了重新規劃，有了更多的時間留在家裏陪妻子和孩子，他們生活得很幸福。

根據約翰·戈特曼（John Gottman）的理論，檢驗一對夫妻的讚美系統是否在起作用，最好的方法是觀察他們如何看待他們的過去，通過回想、談論過去，讓那些被長期埋藏的積極情感浮出水面，喚醒逝去的愛情。

讚美是個好習慣，當夫妻關係變得疏遠的時候，

我們很容易只關注到對方的缺點，而往往在和對方分開後，才忽然意識到，原來對方也有這麼多優點。可惜的是，那時已經晚了，破碎的感情很難再挽回。其實在生活中，我們總覺得不用誇讚伴侶，畢竟已經是最親近的人了，但恰恰相反，就因為這麼親近，所以更應該誇讚對方，給對方信心，就是給自己未來。

蓋瑞．查普曼（Gary Chapman）是美國着名婚姻輔導專家，也是《愛的五種語言》的作者。他告訴我們，有一種溝通方式叫愛語，也就是用愛表達的語言，這樣的語言如果長期存在於婚姻中，婚姻就健康的。

怎樣找到自己的主要愛語？有三種方式：首先，想一想你的另一半做過甚麼事或者不做甚麼事傷害你最深，跟這件事相反的，就可能隱藏着你的愛語；其次，回顧一下你最常請求你的另一半做甚麼，你最常請求的事，可能就是最能使你感覺到愛的事；最後，回憶你通常以甚麼方式向你的另一半表示愛，你示愛的方式，也許顯示了它會使你感覺到愛。

方法 2：親愛的，你說了算

不要小瞧這句話。這句話的含義很容易被隱藏，當這句話被說出口時，才表明是夫妻雙方正在進行着有效的溝通 —— 一方同意另一方的觀點；一方在給另一方分享權力；一方在影響另一方。

　　實驗表明，與那些抗拒妻子影響的男人相比，接受妻子影響的男人會擁有更幸福的婚姻，他們離婚的可能性也比較小。對於丈夫來說，一定要學會傾聽妻子的話，和妻子共同做決定，尊重妻子。對於妻子來說，要平和地說話，不要吼，女性和男性相比，更容易感情失控，切記不要扯着嗓門講道理，從在外給老公面子做起。在吵架前，女性一定先停頓兩秒問自己一個問題：「我是在跟他吵架，還是在跟我自己的情緒吵架？」想明白再溝通。當兩個人把「我們」凌駕在「我」之上，對話就能順暢很多。平等的對話不僅包括重要談話，還有平時你一言我一語的閒話，同樣能起到減壓的作用。

　　比如：「你愛我嗎？你不愛我打你哦！」就是這些看起來沒甚麼意義的對話，才能讓兩個人的感情更好。

　　有一種談話的方式很有趣，叫作「減壓談話」，例如下班後和家人聚在一起，談談這一天是怎麼過的，可以是雞毛蒜皮，也可以是平平淡淡，只要開始談論，壓力就減少了，壓力減少，感情也就自然鞏固了。婚姻的長遠健康一定是基於放鬆的家庭環境。

　　但請記住，可以談論任何事情，除了婚姻本身。因為談婚姻本身，並不能減輕壓力，反而會讓人陷入緊張的情緒中。

　　這裏有個方法很管用，推薦給你：

　　第一步，夫妻兩人輪流說。夫妻兩人都是傾訴者，每個人都可以說，不限制，你一言我一語，積極聽對方

傾訴。

第二步，不要主動提供意見。當你幫助對方減壓時，不需要提出解決辦法，你只要做一個傾聽者就行。這一點很重要，也是減壓最有效的環節，很多時候，當一個人傾訴完，壓力也就消失了。

第三步，要聽得專注認真。認真聽，不要心不在焉，更不要打斷對方。

第四步，適當表達你的理解。讓對方知道你同情他／她，如：「我知道你為甚麼會有這樣的感覺。」

第五步，站在對方的角度考慮問題。即使你認為對方的觀點不太合理，你也要支持對方。

第六步，表達一致對外的態度。

如果對方感覺自己是在獨立面對一些困難，就會感到孤立無援，從而啟動自我保護模式，變得渾身緊張。你要堅定地告訴他／她，你們是一起的，要讓對方知道你們是在共同面對這個問題。

舉個例子：

"

妻子說：「今天我們開了一個糟糕的會，我們組長總是懷疑我的能力，我恨死她啦！」
丈夫說：「我認為是你反應過敏了，我見過你們組長，她很通情達理。」
妻子說：「這女人就是和我過不去。」

丈夫說：「都是你自己瞎想出來的，你真得改改這個壞毛病了。」

妻子說：「算了，我幹嗎要跟你說這些。」

　　丈夫的每一句話都是在定義，在給妻子解決方案，但其實，妻子根本不需要這些東西。她需要的是 —— 共情。許多時候，我們的孩子回到家跟爸媽說老師不好，也並不是需要我們去評判，而是需要我們理解他們。許多時候妻子提出的問題，也並不期待有個解決方案，只是希望你聽着，不發表觀點，如果一定要說，這樣說就很好：

妻子說：「今天我們開了一個糟糕的會，我們組長總是懷疑我的能力，我恨死她啦！」

丈夫說：「你最近總是說你們組長，這人很煩吧？」

妻子說：「這女人就是和我過不去。」

丈夫說：「膽子真大，這兩天忙完，我直接找她去！」

妻子說：「算了，不理她就是了。」

這個對話之所以能好一些，是因為妻子總喜歡聊「關係」，妻子講的所有的話，歸根結底只有一句話：「你愛我嗎？」而丈夫講的所有的話，都是在解決問題。但妻子需要的往往不是解決問題，就好比妻子說：「那件衣服真好看！」她並不是想讓你買下來，她只是表達而已。所以，當男人說話時能多一些「我們」，少一些解決方案，對話就能和諧得多。

方法 3：溫和地提出問題

　　列夫・托爾斯泰（Leo Tolstoy）說，已婚的人從對方那裏獲得快樂，僅僅是婚姻的開頭，絕不是婚姻的全部意義，婚姻的全部意義蘊藏在家庭生活中。

　　那麼，婚姻的全部意義一定包含着矛盾，有時候，這矛盾甚至會無處不在。我們應該怎麼解決？

1. 用溫和的方式提出問題

　　提出問題本身就會令人不高興，所以溫和的態度就顯得很有必要。而且要挑好時間，不要在對方情緒低落時指出對方的缺點，更不要在對方狀態不好時希望對方做一些改變。

　　在生活裏可以抱怨，但不能責備。如果可能，抱怨也要少一些，許多男人在進入老年期耳朵忽然就聽不見了，就是因為女方的抱怨實在太多了。

　　說話時建議經常用「我」而不是以「你」開頭，例

如可以說：「這些家務都是我幹，真累呀！」不能說：「你真懶，從來都不幹家務。」說的時候，可以只描述事實，但切記之前我們分享的非暴力溝通，不要做評價和判斷，比如可以說：「我覺得我被忽視了」，而不是「你從來不關心我」。還記得嗎？聊自己的感受，不做評判。

2. 妥協

沒有哪家夫妻是不需要妥協的，你想要吃火鍋，她想要吃麵條；你希望看電影，她希望看綜藝節目；你想早上 8 點起床讀書，她昨晚加班，想睡到 10 點……慢慢我們會理解，不管你是喜歡還是不喜歡，解決婚姻問題的唯一方法就是尋求妥協。只要跟人過日子，妥協就是必然的事情。

於是，你們今天中午一起吃火鍋，晚上一起吃麵條；一起先看綜藝，接着看電影；你睡到早上 8 點起床，一邊讀書一邊在 10 點前把早飯做完……妥協無處不在，這是生活的智慧。

所以為了達成妥協，你不能對配偶的意見和要求不聞不問，也不能毫無主見地贊同她說的每件事。要隨時記住，提醒自己從對方的角度看問題，尋找對方觀點中合理的部分，這也是溝通中最重要的環節。

3. 停止惡化

有矛盾、爭吵都很正常，但要有底線，比如不能動手。雙方可以商量好甚麼時候要給對方一個台階。我聽

過一個案例，夫妻雙方只要吵架了，先睡覺的就要給後睡覺的人擠牙膏。仔細想想，如果都擠了牙膏，矛盾自然也就化解了。

還有些小竅門，當你發現吵架不可避免，可以適當打斷自己和對方：

「你慢點說，我沒聽明白。」、*「這對我很重要，請聽我說。」*、*「等一等好嗎？我要冷靜一下。」*、*「也許你是對的，讓我想想。」*

請記住，聰明人是不會允許事態惡化的。

回到我們之前的案例，丈夫應該怎麼做？他應該選擇是在家吃牛腿，還是按照原來的計劃在外面吃？這就是夫妻溝通方式的最核心的一個問題，請記住：夫妻永遠要把對方放在第一位。

第一位不能是孩子，不能是父母，也不能是任何事情和人，夫妻彼此才是第一位。這是一個家庭最基本的法則。

所以，故事的主人公 —— 那個丈夫是這麼做的：他先感謝母親為他做了好吃的，把做好的牛腿放進冰箱，同時請父母聽從妻子的安排，一起去訂好的餐廳吃飯。

儘管母親有些不高興，但妻子卻為此心生感激。過了一段時間，他又去給母親說點好話，這件事情才算處理得完美。

還有一件事情，我放在最後說，因為很重要 ——孩子的出世會不可避免地造成女人性格上的變化，女人

容易把所有的精力都放在孩子身上，這會讓丈夫不由自主地心生抱怨，也會讓女人壓力更大，從而生活質量降低，雙方婚姻的幸福感也大大降低。所以在照顧孩子方面呢，男人一定要多參與。

05　異性間的溝通法則

「魔鬼諮詢師」阮琦講過一個故事：

> 　　有一天，他在咖啡廳看到鄰座一個美女在玩手機，於是自己也拿出手機，假裝滑動了幾下，然後開口問她：「嗯，你的手機在這裏有信號嗎？」
>
> 　　女孩說：「有啊！」
>
> 　　他繼續說：「奇怪呀，我是電訊 A 公司的，你是哪家的？」
>
> 　　女孩說：「我是電訊 B 公司。」
>
> 　　接下來關鍵處到了，他笑着說：「咦，真巧，剛問完你，信號嘩嘩地就來了……」
>
> 　　女孩笑了，而且笑得很開心，於是他就放鬆地跟她聊天了，幾分鐘後還搬到了她的桌子邊繼續聊，最後順理成章地互留了聯繫方式。

　　這個故事雖然被當成了搭訕的經典案例，但是這種成功有兩個重要條件：

第一，男孩子要長得帥，這是必須的。

第二，男孩子說話不討人厭。

這就涉及男女間的溝通技巧了，也是本節要探討的話題。

給別人的第一印象

在探討溝通技巧前，我多說兩句「長得帥」這件事情。很多男生總是對女孩子的長相指手畫腳，卻不知道，這個時代已經變了，男生的外貌也在變得越來越重要。有人說我媽媽生我的時候我就不帥；別擔心，你可以不帥，但你一定要乾淨、舒服，這是基本的：出門刮個鬍子，穿一身整潔的衣服，哪怕不洗頭，也要梳個整齊的髮型，不過分吧？

莉爾‧朗茲（Leil Lowndes）的著作《如何讓你愛的人愛上你》裏闡述了讓人愛上你的六個因素，其中第一條就是第一印象。第一印象的重要性不言而喻，只不過這個時代的第一印象已經從女生轉移到了男生的身上，男生的第一印象也格外重要。外貌是我們對一個人了解的最初方式，很多時候只因為外貌，對方就容易做出去和留的決定；所以《非誠勿擾》第一關永遠不會讓男嘉賓說話，只需要先站在那兒讓女嘉賓按燈。因為五官決定要不要留下，三觀決定要不要走。

人進入婚戀市場，難免會供人判斷和挑選。這裏有意思的是，女生更在乎服飾，但男生主要關注的並不

是服飾，而是身材和外貌，服飾只要好看就行，不用太貴。相反，男生應該在初次約會時穿貴一點的衣服。因為女性的原始本能促使她們會自動選擇有一定經濟實力的人，這不是拜金，這不過是本能而已。

引領對方進入對話的氛圍

說完外貌，還是要回到男女間的溝通問題。

這些年 PUA（Pickup Artist）大行其道，甚至殘害了很多女孩子，但我一直覺得，很多不當的 PUA 和搭訕並不是一回事。搭訕或者男女溝通的技巧，本質上是一種幫助男孩子打開心扉的方式。不當 PUA 關注的是造假，是如何吊住對方的感情，而正常的搭訕和溝通，是自我表達，是對自己感情的表露。

我有個從小一起長大的朋友，今年已經 32 歲了，很優秀，在一家外企工作，但直到今天，一直沒有女朋友，理由只有一個，他完全不會跟異性溝通。有一次喝多後，我幾乎是逼着他拿着手機發訊息給一個女孩子：「明天晚上一起吃飯吧！」女孩子的回答是：「晚上我減肥，不吃飯。」他回：「哦！好的。」這件事就這麼過去了。

其實，這句話完全可以這麼回答：「真的嗎？我也減肥，我們一起減肥吧！」也可以這麼說：「我知道有一家很棒的素食菜館，要不要一起？」還可以這麼說：「要不要一起跑步啊？」

　　這三種接話的方式都指向了關係。而不應該像他那樣，只關注自己。

　　男生喜歡談目的；女生喜歡談關係，男生開口總喜歡說「我」，而女孩子開口總愛問「我們」。

　　我在阮琦的書裏找到一個案例，和他竟然很像：

> 男：晚上一起吃飯吧！
> 女：晚上減肥，不吃飯。
> 男：那晚上我陪你一起減肥！
> 女：哎呀，你真討厭！

　　女孩子說「你真討厭」時，其實是個表達好感的信號，男生如果能清晰體會，一定會再接再厲，如可以說：「為甚麼只有你這麼了解我呢？」或「要是能幫你減肥那我就再討厭點兒吧！」，這才能把氣氛進一步引向關係。這樣兩個人就會很快進入一個對話的氛圍。但很多男生竟然回答：「我不討厭。」還解釋自己為甚麼不討厭，列出理由並總結。這都是因為不了解和異性溝通的法則。很多男生可以口若懸河聊到古今中外，但卻忘記了一件事，和異性溝通尤其是自己喜歡的異性，需要表達的並不是這世界多大，而是這世界有沒有她，在男生的話語裏，她才應該是古今中外的一切。

在溝通中，男士有一個非常重要的邏輯，叫高價值展示 ── 就是展示自己的高價值，但有一點很重要，沒有事實你不能亂編，說謊就成了網上那些噁心的 PUA。我想起我的這位從小一起長大的朋友，他相親的時候，我讓他去展示高價值，結果他不停地在現場跟那位女生說，自己喜歡打網上遊戲，而且打得特別好，把那個女生嚇了一跳，以為這是個網癮少年。高價值首先應該是地位、工作、財富的價值，然後是不用直接說出來，從言談舉止中、朋友圈中以及別人的評價中就能看到的東西。這是建立聯繫的第一步，哪怕你這個時候甚麼都沒有，也沒關係，只要你努力，並表達出努力的決心，也是一種高價值展現。誰說未來有巨大潛力的男孩子沒有高價值呢？

眼神及肢體交流

男生和女生除了第一面的普通語言交流之外，還有一種更重要的交流，就是眼神。研究人員發現，如果一對男女交談過程中目光接觸從 30% 提升到 75%，對方愛上你的可能性將會增大很多。因為我們喜歡一個人時，瞳孔會放大，若兩個人的瞳孔都在放大，也就是互相喜歡的徵兆。一旦兩個人確定了好感，愛的目光就會在身體裏蔓延，他們的目光會從頭髮飄到眼睛，再到肩膀、脖子……總之，眼神能表達的東西太多。

同樣不用語言就能表達愛意的，還有適當的肢體接觸，這個也很重要；因為我們從猿人進化成人前，都是通過給對方梳毛、愛撫來表達愛的。接觸很有必要，別太猥瑣就好。就如美國的一項研究表明，兩個人在舞會上只要跳一支舞，有一點輕微的身體接觸（如他把椒鹽餅乾遞給你時碰到你的手；她幫你摘下衣服上的線頭時輕拂過你的外套），就能提高兩個人的默契度，從而推進感情。

尋找共同話題

默契度之所以重要，是因為我們首選的對象往往是和我們價值觀差不多的人，所以女生在和男生溝通時，一定要去尋找對方感興趣的話題，同理，男生在和女生溝通時，也要尋找女生感興趣的話題。

你是否發現，現在越來越多的男孩子開始研究星座了。我是不相信星座的，但也開始研究了，為甚麼呢？因為太多女孩子相信星座，甚至有的不僅相信星座，還相信血型、塔羅牌……她們信的東西很多，但如果你仔細問她們，她們似乎也不是真的相信這些東西，她們迷戀的並不是背後的科學體系，而是當你說出自己的星座時，她看着你那種確定感 —— 對！你就是這樣的性格！而你之所以去研究，是因為這樣才能跟她們有共同話題。這就是平等對話背後的邏輯。

請注意，只是和她當前的狀態對上話，未來不重要。可能她和你在一起後，就不信星座了。

男、女性思維有別

阮琦的《魔鬼約會學》裏說了關於男性思維跟女性思維的不同，男性思維是目的優先、結果導向，注重的是未來時；女性思維則是過程優先、感受導向，注重的是當下與過去。所以當男人覺得他對一個女人「有意思」的時候，言下之意就是他希望跟那個女人在未來的某個時刻發生確定的某件事情，而當女人覺得她對一個男人「有意思」的時候，往往表達的是眼下她願意跟那個男人把關係往前再推進一步，至於以後怎樣，要根據這一步走完的結果而定。

也就是說，你和她見面講話的當下表現很重要。

女生和男生的思維還有一點不同，就是女生更在乎情感的表達，男生更在乎事實的闡述。這就是女生和男生吵架的時候，女生就算沒有道理，也還有一招「撒手鐧」：「你為甚麼吼我啊？」所以聰明的男生不要跟女生講道理，同樣地，聰明的女生也不要專注於情緒，被情緒帶着跑。有時候我會覺得這個世界的高手都具備一點點雌雄同體的思維，這是個好事，說明男性思維和女性思維正在逐漸混合。

我在希臘的時候認識了一個男生，我叫他 Milos，他娶了個中國成都太太。希臘人從蘇格拉底、柏拉圖、

亞里士多德開始就講究理性，這是骨子裏的東西，改不了。所以他完全不能理解為甚麼自己的太太總是無理取鬧，他對我說：「她完全是不對的，她自己也知道，還是要繼續鬧。這邏輯完全不對啊！」

後來我笑着對他說：「你要記住啊，無論你太太說甚麼，她都是對的。」

後來我回國了，有天晚上他跟我說：「你太對了！」

對於男生來說，你的心裏可以有自己的想法，但還是要說她是對的，等她理性恢復時再和她好好談。女生也一樣，準備發怒前，一定問問自己，是情緒在操控我嗎？

男生和女生對話時最常見的問題，就是男生總是過度地使用理性，女生總是過於依賴情緒。

聊天四大常見錯誤

以下是我總結的「聊天四大常見錯誤」：

1. 連續提問

男：你現在畢業了吧？

女：對。

男：你是鋼琴 8 級的嗎？

女：我是 10 級的。

男：現在在哪兒上班？

女：……

這就是典型的男生思維了，再問下去人家能瘋。

2. 不說自己

女：你是做甚麼的？
男：我們公司是世界五百強。
女：那你工作很累吧？
男：我們有個同事都猝死了。
女：……

所謂的對話，應該是你一言我一語，男女的溝通更是彼此的闡述，別說到別人。

3. 情感過度

比過度理性更過分的，應該是情感過度。在還沒有確定關係時，許多過度的情感表達，如深夜對別人哭泣、講自己過去的前女友，都是沒必要的。

4. 隨意評價

這點我們之前說過，準確來說，跟任何人講話都不要隨意評價。

八個與異性說話的建議 ""

其實，跟自己喜歡的男生或女生溝通，都是一件美好的事情，在這個快速變換的時代裏，不僅可以男生追女生，女生為了幸福，也可以主動跟男生建立聯繫。

那應該怎樣跟異性說話呢，以下我有幾個建議：

1. 表達「你在我心裏是獨一無二的」

無論是男生還是女生，都對喜歡的人產生好感。但很多人說不出來，其實有一個萬能句「你是我見過的最特別的人」，這句話不是假話，更不是胡說，你仔細想想，每個人都是最特別的人。

2. 多聽對方過去的故事

在聽對方故事的時候，仔細聽就好，別發表太多評論。但在你講自己的故事時，也要注意對方隱形的語言，如她的面部表情、肢體語言，一般情況，她開始看手機或手錶時，或身體靠後雙臂緊鎖時，都表示你該換個話題了。

3. 尋找對方感興趣的話題

對方感興趣的話題不難找，從對方的語言、朋友圈，還有衣着上都能找到。順藤摸瓜，好感是可以遷移的，由對話題的好感，轉變成對人的好感是一件很容易發生的事。其實跟任何人講話，尋找對方感興趣的話題，都是情商高的表現。

4. 多說「我們」少說「我」

我們指的是關係，只有很親密的關係才能經常說到我們，例如「今天天氣很好，我們一起學習吧！」、「我給你推薦電影，我覺得我們這種比較善良的人可能都會被感動」，這表達的是兩個人，而不是一個自己。

5. 分享私人秘密

「告訴你一個秘密，你別跟別人說啊！」，這就是一句非常拉關係的話了。誰才能聽秘密呢？當然是最親密的人。那麼，我也告訴你一個秘密，除了分享秘密，也可以分享一些自己的缺點，如你愛咬指甲；你愛睡懶覺等等。

6. 參加容易引發情緒波動的活動

研究表明，兩人同時經歷一件有危險傾向的事情，會令雙方的感情加深。就好比如果你在一座晃動的大橋上要一個女孩子的電話號碼，得到的概率會增大不少，因為晃動的大橋造成了心跳加速。所以，約會的時候，騎馬、騎電單車、衝浪、看恐怖片、密室逃脫等都是不錯的選擇。

7. 複製對方的語言體系

實在不會說甚麼，複製對方的語言體系、學習對方的口頭禪，也是個不錯的方法；因為一個人大概不會討厭自己，更不會討厭自己的話。不僅可以模仿對方的語言，還可以模仿對方的舉止和行為。人和人之所以能聊到一起，是因為人們有相似的品質。相似分為三種：第一，是興趣愛好相似；第二，是價值觀相似；在男女溝通的領域裏，還有第三點：對愛情的理解。你問對方對愛情的理解是甚麼，聽對方的故事和理解對方的情感，從而發現相似性。

8. 讓她感到自信和被尊重

最後一種溝通，無論放在哪裏都屢試不爽，就是我們之前聊過的話題——讚美。除了真實的表揚，在男女溝通中，還有一種特殊的讚揚稱為無聲的讚美，例如對女孩子來說，用眼神來誇讚她，簡直是無敵的。她說甚麼，你都用崇拜的眼神看着她：「真的嗎？你好厲害。」她遇到甚麼麻煩，你都用共情的感受陪在身邊，用堅定的眼神看着她，給她力量。

讚美也有技巧，從小處讚美，不要誇得太宏觀，誇得具體一些，我想起曾經在一次約會裏，一個女孩對我說：「你真是不容易，你的同齡人在這個時候還在花家裏錢，你已經開始自己賺錢了。」那時我非常感動，現在回想起來，那時候應該是我最窘迫的日子，所以我很感謝那位女生，她一定是個溝通高手，雖然沒和她走在一起，但那些片段真的很美好。

當然，還有一條最重要的，就算聊得再好，也要努力讓自己變得更好。因為好的感情，就是給對方和自己一個機會，讓彼此成為更好的自己。

有很長一段時間，我參加聚會的時候，都會感到尷尬和不愉快，尤其是到了 30 歲這個年紀，更不喜歡聚會了。其實，不是因為我跟這些人不熟，而是因為我實在不知道應該說點甚麼。朋友有些很親近，有些很陌生，在陌生朋友面前說親近的話，很尷尬；在親近朋友面前講陌生的事，更臉紅，所以，我並不想參加這些聚會。可是倘若不參加這些聚會，又少了很多社交的機會，可能就是因為少個朋友，工作才沒辦法開展起來。於是，我一邊努力社交，努力迎合各種人，一邊在社交場合中學習溝通，並在書裏尋找答案。

後來我發現，我才不是唯一那個看起來內向的人。就算是頂級的溝通高手，也存在着自己的問題。這麼看來，我們確實都需要在書裏尋找答案。

換個位置想想對方

英國著名的暢銷書作家卡洛琳・塔格特（Caroline Taggart）的一本書《所謂會說話，就是會換位思考》，書名已經很巧妙地表達了朋友之間最簡單、最重要的溝通法則 —— 換位思考。

2019 年，我參加了一個飯局，一般在飯局裏如氣氛不夠活躍，我都會選一個人熱場，這個人多半是男人，一個看起來臉皮比較厚的男人；因為男人在飯局開得起玩笑，然後我的話題針對他，整個場合的氣氛就能活躍起來。接着，大家一笑，你一言我一語，飯局就熱鬧起來了，他也成了飯局的中心。這招我屢試不爽，但直到那次飯局就不同了。那男生平時跟我很熟，是開得起玩笑的人，可是在我跟他開了兩句玩笑後，他忽然站了起來，要打我。這給一桌人弄得非常尷尬，好在後來還是緩和了下來，大概吃到了晚上 9 點，他起身離開時，我才明白原因。跟他一起走的，還有一位女士，他一直在追那位女士。我這次開玩笑，可算要了他的命，他能不跟我急嗎？於是我終於明白了，我錯了是因為我沒有換位思考，早前他參加飯局都是一個人來，這次明明兩個人來，我怎麼就沒發現呢。

換位思考是朋友之間交流最重要的法則，其實換位思考沒那麼難，在自己說話前，至少應該做的事，是大概了解一下說話對象。

日常聊天中，我們會經常談到自己身邊的事，也會聊到對方身邊的事，這無可厚非，因為朋友交流就是聊彼此身邊的事情來拉近距離。但很多敏感話題，能不碰就不要碰，如不要跟單親家庭的朋友聊父母對孩子的重要性；不要跟離異的朋友聊戀愛和結婚；不要跟失業的朋友炫富。每個人都有自己敏感的話題，怎樣通過換位思考來避開敏感話題呢？

換位思考的説話技巧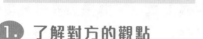

1. 了解對方的觀點

當你知道談話對象對某位公眾人物持肯定態度時，就不要選擇批評這位公眾人物作為你們交談的話題切入點。如果你有個年輕的朋友，在聊天時一定要小心對某些明星、小鮮肉的看法，因為這可能會決定你們接下來交談的質量。

對於那些比較微妙的話題，你需要在參加聚會之前向主人盡可能地打聽清楚有甚麼「雷區」是不能觸碰，例如在聚會中有沒有剛剛遭遇了婚姻巨變、有沒有誰的家人剛剛離世、誰的公司忽然破產、誰的生活剛剛遇到問題等等。

當你掌握的訊息足夠時，你和對方就會站在一個訊息量相對平等的位置進行對話，這樣就會更好地避開令自己和別人尷尬的話題。參加任何聚會前，要問問主人今天誰會來。如果有點名氣，或者有共同的朋友，至少應該在網上查查，或問問身邊的朋友對方的情況。

如果遇到尷尬的話題，記得切換到安全話題。切換話題其實很簡單，你只要記住這個技巧就好：「哦，對了⋯⋯」順着別人的話頭，委婉地打斷別人的話，同時引出自己的話題。

這裏還有個建議很重要，在社交場合，我們遇到的人可能來自各行各業，這個時候，要想讓大家都能有一段比較輕鬆愉快的談話，需要注意的一點是，不要向專

業人士諮詢某一專業的問題。如不要在社交場合問你遇見的醫生某個病的治療方案，不要問律師怎樣處理你遇到的法律糾紛，也不要問投資人你現在的投資計劃是不是合適。最可怕的，就是不要問一個英語老師應該怎麼學英語。是不是覺得很奇怪，為甚麼？請聽我慢慢道來：

第一，每個人來社交場合其實都想有一段輕鬆的時光，你一問他的工作，他馬上就容易緊張起來。

第二，工作是要收費的。你是朋友，又不能收費。

這些關於工作的問題都很尷尬，但很多人就是喜歡明目張膽地當着很多人面前問出來，怎麼辦呢？

2. 話題轉移

其實尷尬的局面也不是無法化解的，有兩個方法：

第一，轉移話題，把談話引導到一個不同的方向上去，如「對了，說到學習，最近你家孩子上學的事情怎麼樣了？」、「對了，說到學英語，你記得有部英文電影叫《月黑高飛》嗎？」

如果出於某些原因很難轉移話題，你可以提前準備一些萬能的答案，如「這事說來話長，我們說說你吧」、「這個話題我們還有一晚上的時間，要不……」通過含糊其詞來讓自己避開尷尬的局面。

第二，你可以先沉默一會兒，讓大家明白你不想談論這個話題。不要怕尷尬，一定會有人比你更怕，他們會拋出新的話題，這時你馬上去接新的話題，以此表明自己雖然尷尬，但沒有生氣，希望趕緊忘掉。

3. 有效破局

怎樣有效破局？卡洛琳·塔格特（Caroline Taggart）的《所謂會說話，就是會換位思考》裏分享了三個很實用的技巧 —— 外部接觸、話題選擇和情緒交換。

·外部接觸

是指藉助衣着打扮、面目神態和肢體動作來進行換位思考。別小看這些細節，它們暴露的東西很多。

有句話是「男人看錶，女人看袋子」，是因為在錶和袋子上，能看出男人和女人的很多細節。我曾經遇過一個女孩子，人長得很好看，袋子也不錯，我跟她互換名片時，她說她找找自己的名片，於是開始翻袋子，翻着翻着，翻出了一隻襪子⋯⋯我當時就知道，她肯定平時粗枝大葉，而且多半是個單身的，於是在溝通時我跟她聊天的語氣就隨和很多。聊到後面，她完全放鬆了，甚至我在好幾句話裏，夾雜粗口，她也並不在意。

如果你發現在這個聚會上，每個人都是西裝筆挺，談起話來彬彬有禮，你說的話最好要和氣氛相對應。

其實參與社交活動久了，我經常感到外表的重要性，說的外表不是說長相，而是穿着、表情和肢體動作，因為它透露的訊息更多，是人和人最表面的基礎交流。重要場合一定要選擇好穿搭。

除了外表以外，我們的一舉一動都會影響別人和我們交流的慾望，如你故意逃避和他人的眼神交流，會

讓自己看起來有點心不在焉、畏畏縮縮；但如果你一直盯着別人眼睛看，也會讓人覺得有侵略性。正確的眼神交流應該是正視對方的眼睛，然後把眼神轉向對方的嘴巴，接着再看對方的眼睛，不時鼓勵性地點點頭，這表示你正在用心聽，而且很感興趣，這幾個步驟聽着好像很複雜，其實多練習幾次就很自然了。如果你想讓人不自在，就盯着人家的髮際線看吧！

從心理學角度來看，人的肢體動作反映了內心的真實想法，如站立時把手插到口袋裏不僅會讓你看起來很懶散，還會讓人覺得你現在很無聊；跟人說話時身體往後傾斜，意味着對方的話讓你感到不自在或你對談話內容不感興趣，而如果身體稍微向對方傾斜，說明你對談話的內容很感興趣、聽得很投入；當你抱臂站着時，說明你比較拘謹、有較強的防衛心理。這些看上去無關緊要的肢體動作，其實正在暴露你的情緒，從而影響別人對你的第一印象。你可以說你不是這麼想的，嘴巴可以騙人，但身體卻很誠實。

· 話題選擇

為甚麼有些人總能找到有趣的話題，有些人卻把有趣的話題變得冰冷無比？其實答案很簡單，要想讓談話變得溫暖有趣，需要你本身是一個有趣的人，只有這樣才能讓別人被你的談話吸引。我們想要成為一個有趣的人，最簡單的方法是拓寬自己的知識面，讀書、聽課、旅行、交朋友，如果你的生活每天都只是那些遊戲、韓

劇、明星、八卦，你的聊天質量自然也就上不去。當然這不可能一蹴而就，要慢慢來，<u>很多時候我們沒話說，僅僅是因為肚子裏沒有貨、沒有知識，才導致冷場和無趣</u>。有些知識看起來沒用，其實都能成為我們的談天話題。

如果你還是覺得慢，我為你推薦兩個方式：

（1）在別人身上找話題。如從對方的語言、外貌、興趣愛好中尋找話題。

（2）談話之前儲備一些話題模板。如讀過的書、看過的電影、聽過的笑話、曾到的地方、曾交過的朋友、自己的一件囧事、工作的煩惱……這些都可以。但請記住，不要誇大自己，更不要炫耀自己的成績，因為這樣會讓人不舒服。你強的訊息會給人造成不悅，但你弱的故事卻能變成話題。

‧情緒交換

就是我們說的共情，它是指通過觀察不同場合下人們的情緒，來決定自己說甚麼、不說甚麼。

有時候我們說的並不是不對，而是場合不對，沒有顧及別人的感受。

談話的時候，即使是面對同一個人，即使講同一番話，在不同的場合下，他和你交談的情緒和目的也不一定一樣。所以要<u>想真正做到換位思考，就要弄清人們情緒背後的真實想法，要與別人共情，設身處地為交談對象考慮，並根據對方的需求來安排談話內容</u>。

這個很難，但當你抓緊訓練後，也不過是家常便飯。

　　經過長期訓練，現在我基本上聽別人說個兩三句話，就能大致分辨出他的情緒和他需要我回應甚麼。很多時候，我們需要的並不是別人的答案，而是別人的共情和認可。這些年，身邊很多敏感又脆弱的人問我應該怎樣改變自己的性格。我想說，敏感沒問題，問題在於脆弱。和別人對話敏感，只會得到對方的好感，但脆弱不會。別把甚麼都往自己的身上和命運上硬套，受害者心理往往是毀掉我們的罪魁禍首。

　　回到敏感這方面，如當我們忽然開始談到單親家庭的孩子時，請注意，如果這時你注意到有的人眼神開始迴避、找藉口上洗手間、身體朝後傾斜、抱着雙臂，應該及時意識到可能他從小生長在一個單親家庭，或他現在正獨自帶小孩，又或他曾經被這個話題傷害過，至少這個話題對他來說過於敏感，不應該繼續談下去了。

　　但是，如果別人探討的話題剛好傷害你時，請微微一笑，說：「哦，對了……」這就是不脆弱的魅力。

　　發表自己的觀點之前要確定時間、場合是否合宜，更重要的是要共情。尤其是和朋友交流，再好的朋友，也經不起你的過分直白，許多直白很容易傷害到別人，別怪別人玻璃心，其實就是你不會說話而已。如果你會說話，為甚麼要傷害別人呢？

　　在成人的世界裏，社交的重要性不言而喻，我曾寫過「放棄無效的社交」——在你還不特別厲害的時候，社交幫不了你甚麼忙，因為你跟別人不是一個圈子，不

存在平等社交。充其量，是你給別人點讚。在此之前，你一定要注意提高自己，在孤獨中成長。但總有一天，你也會走向社交舞台，走到比較高的地方，你就會發現，這世界又分成了兩種人——一種人身邊都是朋友，他們條條大路通羅馬；一種人幾乎沒朋友，一開口就把人得罪光了。

07 父母如何與孩子溝通？

2017年，史蒂芬・卓博斯基（Stephen Chbosky）導演的《奇蹟男孩》在美國上映，上映當天，引起了巨大的反響，並獲得了奧斯卡最佳改編劇本、最佳髮型化妝、最佳新人多項提名。影片的故事很簡單，講述了天生面部缺陷的小男孩奧吉，從小由母親在家裏教導，後來，他終於有機會進入普通的學校學習。剛進學校的奧吉因為自己的長相受到了同學們的嘲笑和欺負，但在全家人和老師、朋友的幫助下，他最終找到了自信，並用自己的行動改變了其他人對自己的看法。

電影上映後，許多人一邊感動奧吉的努力，一邊對比着他身邊的殘忍。但其實，這並不是一部勵志的電影，我們更應該注意的是奧吉的父母 —— 那對很會和孩子溝通的夫妻，沒有這樣的父母，奧吉的生活只能是悲劇。從另一個角度來說，這是一部家庭教育片，從電影裏我們更應該學習的是奧吉的父母如何在挫折中和奧吉溝通，並幫助他渡過難關。

故事裏有一個情節 —— 當奧吉哭着跟媽媽說自己醜時，媽媽說你不醜。奧吉說：「你是我媽媽，才這麼說。」媽媽說：「因為我是你媽媽，所以我的觀點更重要。」這句話剛說出來，奧吉就哭了。其實，這句話說得沒錯，

父母對孩子才是最重要的。

有趣的是,《奇蹟男孩》這本書的作者帕拉西奧（R.J. Palacio）也是兩個孩子的媽媽,她畢業於美國著名的帕森設計學院,是一位插畫師。平時的生活裏,她不僅要工作,還要照顧孩子,只有在晚上把兩個孩子哄睡着,自己才能悄悄跑進房間動筆,就是這樣她寫出了這部享譽世界的作品。我想,這就是父母的語言 ── 很多時候,父母並不用跟孩子說太多話,更不用高壓加棍棒地讓他去學習,孩子是有模仿能力的,你的所作所為,已構成了一種叫以身作則的語言。一個整天在家打麻雀的家長,孩子是不可能不受影響的;一個在家時間幾乎都在看書寫作的家長,孩子也不可能不愛讀書。

詞彙量及父母回應之重要性

隨着 90 後這一代人逐漸成為父母,我們更有責任和義務,講好父母的語言,讓下一代更幸福地成長。上一代的家庭構造很有趣,往往是一個焦慮的媽媽,一個消失的爸爸,還有一個崩潰的孩子。這一代,希望我們可以改過來。

先從胎教開始說吧!不知道從甚麼時候開始,胎教成了一種時尚,但我認為「讓孩子不要輸在起跑線上」這樣焦慮的話除了有助於傳播,本身並沒有意義,因為父母才是孩子的起跑線,起跑線本來就不同,為甚麼要

比賽呢？所以，這麼看是不是覺得沒必要賽跑了，如果已經落後了，慢慢地走完也是一種幸福。

孩子的成長，全部和出生後你的語言息息相關。

達娜·薩斯金德（Dana Suskind）是芝加哥大學的醫學教授，她長期致力於聽力障礙學生的研究，她經過長時間的醫療實踐發現，聽力障礙兒童植入人工耳蝸之後，在學習成績上會有很大的差異；換句話說，當他們開始聽到的東西越來越多時，思維也發生了變化，於是她開始探究語言和成績的深層關係。

按薩斯金德教授的說法，在美國社會地位高、經濟地位高的家庭，嬰幼兒每小時會聽到 2,000 個詞；中等收入的家庭，嬰幼兒每小時會聽到 1,200 個；低收入家庭的孩子，每小時只能聽到 600 個詞。他們在 3 歲以後，聽到的總詞彙量的差距達到 3,000 萬個。3,000 萬個詞彙的差距，一定影響他們日後的學習成績和智力發展。

據統計，在有些國家裏，經濟和社會地位較高的家庭裏其 3 歲孩子，累計聽過 4,000 多萬個單詞，能掌握 1,116 個單詞；相比之下，貧困家庭的孩子只聽過 1,000 多萬個單詞，掌握 525 個單詞，相差 591 個單詞，差不多一倍了。很多家長並不會給孩子說那麼多單詞，孩子長大後使用單詞的多樣性必定會貧乏，同樣也會導致孩子學習吃力。

除了使用單詞，回應孩子也很重要。

當年做研究的人還注意到一個數字，高收入家庭每小時對孩子的平均回應是 250 次，也就是孩子說甚麼，家長是有回應的；低收入家庭每小時對孩子做出的回應不到 50 次，孩子大多和電視、iPad 交流。也就是說，從這個實驗來看，在部分國家，高收入家庭的父母更有耐心，時時都在回應孩子，而低收入家庭對孩子的回應就少了許多。

　　所以，我們大體上可以說，高收入、高知識家庭的父母和孩子之間的話語密度比較頻繁，這對孩子的成長也有好處。低收入家庭的父母經常和孩子沉默以對，這樣的成長顯然冷清了不少。

　　於是薩斯金德認為，好的嬰幼兒早期語言環境應該是聽到更多的詞彙、得到更積極的回應、聽到更多正面、積極、肯定的詞，這也是做家長的一定要注意的事。

　　但跟孩子說話不一定越多越好，許多家長跟孩子說話近乎一種抱怨，如果是這樣還不如不說話，薩斯金德教授在《父母的語言》建議跟嬰幼兒說話要注意以下三個原則：

1. 共情關注，和孩子處在同一個語境中

　　共情，我們多次聊過，但甚麼是共情關注呢？簡單來說，他關注甚麼，你就關注甚麼。比如母親給孩子洗澡時，可以和他談談沐浴液的氣味；一起玩積木的時候，說說積木的形狀，甚至等孩子再大一些，還可以在洗澡的時候跟孩子聊到性教育，這些地方陌生人碰了要及時跟媽媽說。其實孩子的注意力保持不了多久，五分

鐘就會轉移，你也要跟着他轉移注意力，始終跟孩子在同一個語境下。

共情應該是全心全意，而不是三心二意，所以手機是共情的天敵，父母陪伴孩子時最好放下手機，不要處理工作，更別玩手機遊戲。

2. 充分交流，讓孩子更好地掌握詞彙

大人可以一邊做家務，一邊念正在幹的事，例如：我在做飯、我用平底鍋來做飯；舅舅躺在哪裏啊？梳化上。梳化甚麼顏色的啊？白色的。我們在做一件事情時，還在用嘴重複，這對孩子的理解力十分有幫助，小孩子會把你的動作、你拿到的東西、身邊的人、身邊的事，與你嘴巴裏的詞彙一一對應起來，他會慢慢學習到語言，直到他把聽到的一個詞，對應起甚麼東西、甚麼事。在這個過程中，要少用代詞，舅舅就是舅舅，不是那個人，甚至可以在這個時候，順便教他幾句外語，這個時候孩子學習外語的能力，可比成人要強太多。

等孩子們會說話之後，有一段時間他們也會這樣自言自語，一邊玩耍一邊說自己在玩甚麼。

等到 3、5 歲時，他們會用語言來描述當下沒看到的事物，會在回家的時候告訴你幼兒園裏發生了甚麼，這樣的語言叫作「脫離語境的語言」。這時他們的語言能力會越來越強。

如果你的孩子已經過了 3 歲，也沒關係，史蒂芬・平克（Steven Pinker）在《語言本能》裏曾做研究，嬰

兒大腦的代謝能力，在 4 歲左右達到高峰，6 歲前是學習語言最佳的年齡。

3. 輪流談話，就是聊天，不僅是你説話，還要和孩子溝通

你可以向孩子發起和展開一個話題，請注意要聊開放式的話題。如果你只問一些簡單的封閉的問題，孩子用「是或不是」、「對或不對」來回答，這對詞彙量的積累是沒甚麼用。開放式的交流會讓孩子開始獨立思考，如你問他：「你來說說舅舅好不好？你來跟我聊聊寶可夢好不好？」

那麼又來了一個問題，我們和孩子聊天時，要不要用「BB 語」呢？就是學孩子的講話。

答案是 —— 要。雖然委屈大人了，但是要。

有一項研究說，如果 11 個月到 14 個月的嬰兒一直在接受「BB 語」，那麼到 2 歲的時候，比起那些一直接受成人語言的孩子，要多兩倍的詞彙量，因為你用「BB 語」時，孩子能感受到你的親密。

「BB 語」的作用是能讓親子關係更緊密，因為語氣積極、措辭簡練、溫柔可愛還有韻律的語言，更能吸引孩子的關注，他們會覺得這是我自己的話，眼前這個人跟自己一樣。一位專家在日本做過研究，孩子 7 個月大時還是「世界公民」，能毫不費力地分出英語中常見的「r」音和「l」音，但到 11 個月大的時候，日本孩子的這項能力就消失了，只會更關注日語中常見的語音。

不僅建議使用「BB 語」，還建議提高聲調、表情誇張，這對幫助嬰兒大腦更好地提取語音是很有幫助的，但等孩子大了，正常說話就好，都是成人了，沒必要裝嫩。

這就是為甚麼很多媽媽和爸爸愈活愈單純的原因了，因為他們在孩子 2 歲前長期用「BB 語」跟孩子交流。

孩子在小時候，對語言學習的能力是超強的，愈長大愈發現學習語言的痛苦，因為大腦很多神經已經閉合，許多神經元的移動方向已經固定。所以接下來這個問題很重要 —— 孩子要不要學外語，或者直白地說，孩子應該甚麼時候學外語。

雙語及數字豐富詞彙

我的建議是，愈早愈好，愈早孩子的痛苦愈少，不一定是英語，也可以選擇西班牙語、法語、意大利語、日語。學兩種語言的孩子，在最開始掌握的詞彙量較少，但長大後，詞彙量會迅速提升，最重要的是，他們會對這門語言更親切，學習起來也更容易。使用雙語的孩子相比只用一種語言的孩子，在語言和非語言方面都有優勢，如他們會具有較高的自我調控能力和執行力，更能以不同的角度看這個世界。

我們觀察孩子時會發現，有些語言發育遲緩的孩子，很難進行自我調控，語言技能愈好的孩子，愈容易進行自我調控。

除此之外，還鼓勵大人多使用數字。

芝加哥大學一位教授對 44 名 14 個月至 30 個月大的幼兒進行了追蹤研究。在一些長達 90 分鐘的家庭對話中，有些孩子聽到了 4 個跟數學有關的詞彙，有些孩子聽到了 250 個跟數學有關的詞彙。經過一週時間，有些孩子才聽到 8 個數學詞彙，有些孩子聽到了 1,799 個數學詞彙。也就是說，一年之內，有些孩子只聽到 1,500 個跟數學有關的詞彙，有些孩子聽到了 10 萬個。研究發現，到 4 歲的時候，這些孩子在數學能力上就有差異了，最可怕的是，對他們的語言、邏輯、思維在日後都構成了影響。

小孩子對數字、形狀、空間都有強烈的興趣，這是老天賦予的才華，應該早點讓孩子接觸有關數字、形狀、空間的詞彙。孩子通過這些詞彙，認識大小、長短、高低、前後……其實，數學概念、空間概念，都是語言質量的一個表現。

正面教導能提升語言質量

同樣，提高語言質量的還有誇讚孩子。

科學家發現，表揚孩子的良好行為，能夠提高孩子遵守規則的內在動力，增加孩子發生良好行為的頻率。相比於懲罰來說，表揚所帶來的副作用小，更能夠產生良好的效果。

那麼，問題來了，當孩子滿足了父母的期望、取得好成績的時候，應該表揚他們努力，還是表揚他們聰明

呢？請記住，一定要表揚他們的努力。因為在孩子的眼中，你所表揚的內容就是他們應該繼續努力的方向。很多爸媽喜歡這樣表揚孩子：「你太聰明了！」事實上，這種做法是有害的，因為這種表揚容易讓孩子將獲得的成績與天生聰明聯繫在一起，讓他更在乎自己看起來是不是聰明，而不是能不能學到有用的知識。他甚至會覺得自己就是天造英才，更加忽略了後天努力的用途。

除了誇獎，父母要做到的第二個方面，是「及時懲罰」。注意，懲罰不是用手去打，因為打孩子容易增強孩子的攻擊性，長期打孩子的家長，也會讓孩子養成不好的思維模式：孩子會在很小的時候明白一個道理──打人是可以解決問題的。校園暴力就是這麼產生的。不過，孩子犯了錯誤，一定要對他進行懲罰。

需要提醒的是，在進行懲罰的時候，父母一定要保證孩子擁有安全感，要給孩子講道理，讓孩子意識到自己的錯誤，並協助孩子糾正錯誤，讓孩子感受到父母還是愛自己的，是跟自己在一起。孩子很容易感到父母是不愛自己的，尤其是在被懲罰的時候，如果在懲罰孩子的過程中，孩子覺得父母不愛自己了，會讓孩子陷入自我懷疑中，這樣的懲罰甚至會對孩子造成心理上的傷害，很多孩子都遇到過這種情況。

如果可以，千萬不要打孩子，甚至不要吼叫，吼叫對孩子沒有甚麼好處。

可是當很多家長想要孩子們聽他說話時，就會很自然地大聲吼叫。而且一般當聲調足夠高的時候，孩子就

會因為害怕而聽話，這種反應更鼓勵了家長繼續大聲吼叫，從而惡性循環。所以最後家長們會發現，吼叫很可能會成為他們管教孩子的默認方式，同時孩子也有了一個充滿恐懼的童年。這樣的惡性循環對孩子的成長一點也不好。

父母如何緩解憤怒？

美國著名的親子教育專家羅娜·雷納（Rona Renner）有着超過 50 年的家庭育兒工作經驗，她的著作《不吼不叫》介紹了一種方法，可以幫助家長在發火之前緩解情緒。

第一步：Ask —— 自問。要問問自己感覺如何，負面想法是甚麼，能不能自己改變這些負面的想法和情緒。

第二步：Breath —— 呼吸。在問自己那些問題的時候，要有意識地控制自己的呼吸。從腹部開始，有意識地做 3-5 次緩慢輕鬆的呼吸，同時感知自己的身體，想像每一個細胞都充滿了氧氣。

第三步：Calm yourself —— 平靜自我。用呼吸來平靜自己的內心，用積極的想法代替自己消極負面的想法，讓自己變得平靜後再和孩子溝通。

第四步：Decide what your child needs —— 確定孩子的需要。父母要想一想孩子的個性和年齡，反思一下對孩子是不是有不切實際的期待，想想孩子需要甚麼，是一個擁抱還是鼓勵，再想想他的行為能告訴自己甚麼。

　　第五步：Empathize —— 同理心。這要求父母換位思考，盡量感受孩子的情緒和想法，告訴孩子你能理解他的感受。

　　另外有個問題很有趣，其實每個人都是第一次當父母，為甚麼有些人當得很好，有些人卻完全不會溝通呢？

　　答案很簡單，因為有些人知道就算當了父母，學習也是一輩子的事情；有些人當了父母，不僅自己不學習了，還在教孩子怎麼學。久而久之，兩者的差距就來了，這種差距還會跨代傳播。

很多人都問過這樣的問題：「我是個內向的人，應該怎樣跟人溝通？」

關於內向這個話題，我很有發言權，因為我也是內向的人。

我們似乎沒有辦法決定自己是內向還是外向，因為這跟生理有關。但我們都知道，這個世界牢牢地掌握在外向人的手中，因為他們在表達、在講故事，而內向者永遠在沉默，永遠看着別人在舞台中央，永遠把自己的故事藏到沒人知道的地方。如果《玩轉極樂園》是真的，那外向的人肯定活得比內向的人要久。那麼內向就注定被世界淘汰嗎？

不是。內向並不可怕，但是內向還堅定地不改變，就可能真的要被淘汰了。我也曾用了很長時間研究怎樣和人溝通，怎樣和不同的人溝通。還記得我第一次進教室上課的時候，台下坐了 30 多個學生，10 分鐘後，我後背已經全濕。但慢慢地，我忽然發現自己不那麼怯場了，遇見陌生人也能主動講兩句話。這一切歸功於一件事 —— 改變的力量。

改變很重要，只要相信改變，人有時候甚至可以沒甚麼內向和外向的區分。外向的人也知道該甚麼時候閉嘴；內向的人也可以在演講台上滔滔不絕。

美國的人力資源開發專家，被稱為「內向型人格之王」的珍妮弗・康維勒（Jennifer Kahnweiler）有著作名為《內向者溝通聖經》，還有溝通達人、主持人、作家，我的好朋友尚兆民老師寫的《內向者的溝通課》，都給了我很多啟發。如果你還在職場中，這兩本書都可以看看。

甚麼是內向和外向？

我從前不太相信內向和外向，認為這就是一些沒意義的標籤，因為如果你站在街上問來往的行人，你是內向的還是外向的，多半都會說自己是內向的人，有小部分人分不清，覺得自己都是。

實際上，內向和外向是有一種科學方法區分的：如果你不太確定自己是內向型還是外向型的人，就只看在你和別人相處一段時間之後，你覺得有壓力還是有動力。如果你需要時間來恢復精力，感覺自己被掏空，那麼你可能就是一個內向者。而只要你和別人在一起，就能獲得能量，一個人的時候反而洩氣了，那麼你可能是個「人來瘋」的外向者。

從這個角度來看，我應該是個內向的人，一般沒有社交局的日子，我寧可在家裏看一本以前看過的書，看一部看過十幾次的電影，也不願意參加甚麼社交活動，有時候甚至不開手機，躺在梳化上，能量就能瞬間恢復。

從生理上分辨內向及外向 ""

　　這套理論在生理學上也有解釋，我們大腦裏有種東西叫神經遞質，在大腦中的神經通路上跑來跑去，它們負責一件事 —— 傳遞訊息，引導大腦中血液的流向和流量，血液流到哪兒，大腦的哪個部位就會受到刺激，從而發出信號指揮身體行動。

　　神經遞質包含不同分類，其中有兩種物質比較特殊，一種名為多巴胺；另一種是乙醯膽鹼，它們本來在不同的道路上跑着，我們在很多興奮的情況下，如喝酒、跑步、戀愛時都分泌多巴胺，多巴胺來得快，去得也快。但乙醯膽鹼的分泌不一樣，它傳遞的是思考和長時記憶，它們需要時間，走的神經通路也很曲折，途經的是大腦感受自身訊息的區域。

　　這兩種物質在每個人的腦子裏都有，但不同的人對它們的反應不一樣，有些人對多巴胺反應不敏感，所以必須通過分泌腎上腺素來召喚更多多巴胺，腎上腺素的分泌讓它們更活躍、更好動，在得到了充足的多巴胺供應後，他們感覺很爽，這就是外向的人。

　　相反，另外一部分人卻對多巴胺高度敏感，太多的多巴胺反而讓他們覺得刺激，他們更傾向使用乙醯膽鹼，它也能讓人增加幸福感，讓人掃除焦慮，感覺平靜。這就是內向的人。所以內向性格和外向性格的人，會傾向於使用不同的神經遞質來讓自己達到所謂內心的平衡。人和人就是這麼不一樣，從基因層面和身體層面來看都不一樣。

神經遞質的影響性

美國當前研究內向性格的權威專家馬蒂·蘭尼（Marti Laney）在自己的著作《內向者心理學》中分享過一個故事：

有一次作者蘭尼和丈夫邁克差點遭遇車禍，兩個人的反應完全不同，性格外向的邁克第一反應是下車觀察有沒有人受傷，因為外向的他，第一反應是輸出式表達，於是他趕緊下車，主動接受發生的一切。而性格內向的蘭尼沒有動，她的身體好像定住了，她想留在車裏考慮一下周圍的情況，看看是不是還有危險，然後再決定要不要下車，這需要一定的時間，於是她呼吸放慢，身體麻木，一動不動。

我想起有一次開會時，房間的空調特別冷，我就習慣性地把衣服披上，而我外向的同事，站起來就把空調關了。

《內向者心理學》做了一個總結 —— 外向的人渴望得到外部刺激，他們比較短的多巴胺神經傳導通路佔優勢，擅長短時記憶，張嘴就來，滔滔不絕，受到刺激時能夠迅速做出反應，多巴胺釋放出快樂的感覺，讓他們想停也停不下來。內向的人需要回到長時記憶中尋找訊息，需要一定的時間才能思考，需要深思熟慮才能講話，乙醯膽鹼讓他們的身體慢下來，這樣能儲存精力，讓他們在平靜的狀態而不是興奮的狀態中，才會感覺到幸福。

內向者遇到的挑戰 "

你知道嗎？這些名人也是內向的 —— 比爾・蓋茨（Bill Gates）、股神巴菲特（Warren Buffett）、美國總統亞伯拉罕・林肯（Abraham Lincoln）、著名的人權鬥士馬丁・路德・金（Martin Luther King, Sr.）。許多喜歡滔滔不絕的藝人，性格也是內向的。

他們經歷了甚麼讓他們看起來並不內向呢？我想答案只有一個 —— 逼着自己改變。

內向還不願意說話的人在工作領域裏其實很吃虧，一個內向型的人工作中主要遇到四種挑戰：

1. 感到很大的壓力

因為溝通不順，容易自閉，自閉久了沒人說話，久而久之只能甚麼都自己做，甚麼都自己扛。而正確的方法是一定要說出來，我在後文會說到，就算是不爽的也要說，哪怕不說，也要寫下來給別人看。

2. 別人的低估或誤解

內向者不愛表達，但在職場裏，被人評價是在所難免。外向者遭遇不公平的評價，第一反應就是辯解或者進攻；但內向者則不一樣，他們往往沉默了。在職場，人們總喜歡通過看到的表像來評價一個人，而內向者的表象，就是那樣平淡無奇，如你不太想說話，其實是在深思熟慮，可別人不這麼想，他們卻覺得你笨、反應慢；你可能還在分析和判斷或傾聽，可別人卻覺得你

是優柔寡斷，成不了大事；你在公眾場合想找個安靜點兒的地方獲取能量，別人可能覺得你是比較膽小怕事，做不了決定。這些負面標籤貼到你身上，你不信也就算了，如果信了，將會是惡性循環。

3. 不懂經營人際關係，發展受阻

我在原部門裏待了那麼久，從沒有跟老闆談過話。那個時候，我特別羨慕那些一有空就和老闆談心的人，而我總是做不到。雖然我不後悔，但總是會隱約羨慕那些非常懂得經營人際關係的人。

4. 成為職場隱形人

這是職場中最大的隱患，因我們做了那麼多事，竟然被別人搶了功勞；我們完成了那麼多工作，卻沒人知道是我們做的，重要的是，自己也不說。

所以，內向者必要積極改變自己。

內向者建立優勢的 4P 法則

對於內向者來說，有一個方法很重要，叫 4P 法則，所謂 4P 就是四個以「P」開始的英文字母組成的單詞。

1P Preparation 準備

內向者在很多公開場合壓力都比較大，無論是公開發言，還是在會議上的討論，但請記住，準備愈充分，

愈不容易緊張。我認識一位很內向的演說家，他曾在家裏把自己的演講稿對着牆背誦了一百遍才上台，那年他拿了全校第一名。

2P Presence 展示

內向的人常常覺得，只要自己努力工作、認真做好，別人就會知道。可是事實上是你不向別人展示出來，別人很難知道你真正的成就。因此，展示自己很重要。在工作中多表現，在上司面前多出現，低調做人，高調做事。是你做的就要說出來，也沒有甚麼不妥。

3P Push 推動

強迫自己走出舒適區。

珍妮弗‧康維勒（Jennifer Kahnweiler）在《內向者溝通聖經》裏說了一個故事：

有一個非常內向的朋友，他很不喜歡參加聚會，可是他卻推動自己一定走出舒適區，而且每次參加聚會給自己提出兩個要求 —— 最少待夠 30 分鐘；收集 20 張名片。

一開始很困難，但當他長期強迫自己這麼做，久而久之，從量變到質變，後來他成了公司裏有名的社交專家。

強迫自己這件事很重要。我剛進入影視圈的時候，他們總是參加一些酒會，我有些受不了那種每個人拿着一杯酒喝一夜，說些有的沒的場合，但有時候也沒辦法，要認識人才能有更多的資源。於是我逼着自己每次

要認識 5 個人以上再走。久而久之就適應了，直到今天，我至少不會那麼尷尬。

推動自己可以放在任何領域，無論是社交，還是工作和學習。如果你每天都在很舒服的狀態下生活，那麼，你很可能在原地不動或退步。

4P Practice 練習

前文提到的幾個步驟都不是一蹴而就，更不可能在短期內成功。我想說，不要相信有甚麼靈丹妙藥，吃完就能起死回生。你需要不斷地練習、刻意練習。每一個高手在成長的過程中都需要大量練習，而內向者想突破自己的局限，要做的也是練習。不斷地練習，才能不斷地熟練，才能發現自己竟然也可以成為社交達人。你可以每次嘗試和不同的人用不同的交往方式表達觀點，在不同的場合講相同的故事，看看他們不同的反應。你也可以嘗試在不同的會議中用不同的策略來驗證效果。練習是讓自己準備技能、演示技巧和推出自己走出舒適區，走向更高層次的重要環節。你練習得愈多，能力提高得愈快，久而久之，就會發現很多人還不如你。

內向者如何破冰？

內向者在溝通中最難的應該就是破冰。所謂破冰，就是兩個人從 0 到 1 的溝通。我有一個建議分享給你。

第一步 —— 不要着急去說甚麼，而是提問，例如可以問問對方是做甚麼工作，工作中有甚麼難忘的事情，

這件難忘的事情對他有甚麼影響。問得愈仔細，對方愈能感到你的關心。

第二步——介紹自己，介紹自己喜歡甚麼、擅長甚麼。這兩個步驟都是為了解決一個問題，就是尋找和別人的共同話題，這樣才能進入第三步，聊你們的共同話題。

內向者找到和別人的共同話題之後，才能逐漸走出尷尬的狀態。我的建議可以從明星、天氣、旅行這些大多數人都不拒絕的話題說起。

你可能會怕聊了半天以後沒找到甚麼共同話題。沒關係，<u>傾聽也是一種溝通</u>。

凱倫・維克爾（Karen Wickre）在新書《如何在工作中建立人際網絡：一個內向者的社交指南》中總結內向者的特點：

1. 他們是優秀的傾聽者

大多數內向的人，不願意第一個開口，因為他們想先了解對方的看法，然後再表達自己的想法。其實我們慢慢發現，就算你不表達自己，只是微笑又肯定地傾聽，也會給人很大的能量。

2. 他們能觀察談話對象的行為和風格

這是建立人際關係的一個重要技能，能讓你判斷出對方的個性，如對方是否開放、友好、坦誠，或者對方是否緊張、焦慮。

3. 他們有好奇心

內向者會對別人產生好奇，會思考「人們為甚麼是這樣」等問題。

內向者也有自己的優點，這些優點在時間的堆積下，更讓人喜歡。

如果我們實在改變不了怎麼辦？答案只有一個，就是讓自己默默發光，變得更好。你發光，就會讓更多人靠近你，例如你願意跟周杰倫交朋友嗎？他性格很內向，雖然他不怎麼愛說話，但是他發光啊！

內向者溝通 4P 法則

PREPARATION 準備
準備越充分，越不容易緊張。

PRESENCE 展示
是你做的，就要說出來。

PUSH 推動
強迫自己走出舒適區。

PRACTICE 練習
不斷地練習、刻意練習。

非暴力溝通的方法

觀察

從客觀的角度觀察，不要評論和下結論。

感受

請把感受和想法區分開來，感受是自己的情感流露，
想法是自己對某事情的評價。

需要

請清楚地告訴對方，我希望他們具體做甚麼事情。

請求

請求對方反饋，確保對方準確理解我們的意思。
如果對方不願反饋，
我們也應該傾聽他的感受和需要。

PART 3

升級你的
職場溝通能力

職場是一個複雜的環境，
在學校你可以一個人默默優秀，
但在職場裏，你必須學會跟人合作。

合作的核心是交流，我覺得我們有必要花一些篇幅，說一下職場交流的法則。無論是你跟上司、跟下屬，還是跟其他部門的同事交流，本質上，都屬和同事的交流。跟同事交流不同於跟朋友交流，跟朋友交流你可以隨心所欲。跟同事不一樣，很多時候你一句話沒說好，「低情商」的標籤就傳得到處都是；很多時候你的秘密，一轉眼就被傳到了公司的每個角落。這是因為你沒有把握好一個度。

說話的藝術

同事的關係和朋友的關係有着本質的區別，剛畢業的學生可以把同事當成最熟悉的陌生人，但是當你逐漸變成了主管，變成了創始人，變成了 CEO，你必須學會跟公司的同事交流，這是你逃不掉的。於是，我找到了一本書，頂級溝通專家、廣告鬼才、文案寫作大師佐佐木圭一的作品《所謂情商高，就是會說話》。

舉個例子，如果我們跟公司的同事說：「去把垃圾扔了。」同事的第一反應肯定是，憑甚麼？你為甚麼不去？或者他咬着牙去了，也是一肚子抱怨；但如果跟他說：

「扔垃圾和遞交文件給上司,你選哪個?」這樣對方往往就會從中選擇,而一般人自然會選擇更輕鬆的扔垃圾,因為見上司的壓力很大。

邀請意中人約會時,很多人會這樣說:「你這個週六有空嗎?」

這樣說的結果很難預料,若是兩情相悅,人家剛好也喜歡你,那自然沒甚麼問題;但大多數情況都是你喜歡別人,別人不一定喜歡你。所以要換個說法:「那家很有名的意大利餐廳,現在只能訂到這個週五或週六的位子,你哪天有空?」

這樣一說,對方就會從中選擇一天,例如,「嗯,週六有空」。不管選哪一天,只要對方做出了選擇,約會就成功了。

比如約會當天,忽然對方打電話說:「對不起,我突然有工作要做。今天的約會取消吧!」這基本會讓人感到絕望。如果換一個說法:「對不起,我突然有工作要做,但我更想見你。」只是換了一種措辭,對方的心情立刻變得不一樣,原因有二。

第一個原因:通過「更想見你」,表達了愛意;第二個原因:通過這樣的表達,使本來很簡單的「取消約會」,變成了「加深二人感情,把障礙歸因於工作」,告知對方自己真的無能為力,工作太無奈了。

有效的交流方法 ""

下面我來分享七個與同事交流的方法，挺有用的。

1. 投其所好

既是最基本的，也是最管用的。我們之前說過換位思考，跟同事聊天，投其所好就是換位思考。一個昨天加班到深夜的同事，今天最好不要拉着他說昨晚的球賽；一個不愛八卦的同事，最好不要和她聊娛樂明星。去尋找人們心中想要的答案，用語言表達出來。

比如你在商場聽到這麼一句話：「抱歉，這種襯衫只剩這一件了」，你會怎麼想？

一般會有兩種思考的結果：第一種都是別人挑剩下的；第二種是這件衣服很熱賣。那我們如果想買，我們希望是第幾種答案？是第二種。所以，如果你是個店員，你應該怎麼說，絕對不是第一種，而是「這種襯衫賣得特別快，這是最後一件了」。

想要說服別人，就要去思考對方想要甚麼，然後把話往那個方向引導。

在飛機上，空姐在分配餐膳時，經常由於乘客大多優先選擇牛肉，所以導致魚大量剩餘。新人空姐往往不知道應該怎麼辦，一位前輩會這樣說：「機內供應有優質香草、富含礦物質的天然岩鹽和粗製黑胡椒嫩煎而成的白身魚，以及牛肉。」

這樣的表達就是先站在你的角度思考你想要的是甚麼，再用我的語言思考怎麼到達你的內心深處。

　　我曾經問一個離職的員工離職原因，她說，自己不適合。後來我這麼跟她說：「我知道公司有很多問題，有時候我也很難受。」剛說完，她眼睛突然紅了，跟我講了很多真心話。直到今天，我都很感動，雖然她已經離職，我們也一直在聯繫。

2. 做其所惡

　　人都有自己厭惡的東西，在職場上大家最感厭惡的就是發電郵不回，無論你說甚麼，大家總有理由告訴你為甚麼沒有回覆。遇到這種情況你可以這麼說：「因為不回電郵導致各種問題不計其數，希望大家重視。」把這麼做的後果說出來，自然減少很多麻煩。

　　生活中我們也見過很多類似的溝通法則，大家應該見過這樣的警示語：「請勿觸碰展品。」

　　但總有人要碰一下。為甚麼呢？因為人總是有逆反心理，你不讓我碰，我偏要碰。如果這樣寫：「塗有藥品，請勿觸碰。」效果就能好很多。當你不想讓別人做甚麼的時候，要把壞處說出來，這就是「做其所惡」。明確警示對方，千萬不要這麼做。

　　這種溝通還能放在生活裏，有一群帶着孩子的媽媽到餐廳，店員很頭疼，因為孩子們不光吵鬧，甚至離開座位跑來跑去。店長向正在愉快交談的媽媽們提出請求：「為了避免打擾其他客人，請你們讓孩子坐在座位上。」可是媽媽們只提醒了兩句就不管了。後來店長又說：「剛做好的菜很燙，如端出來時被撞灑了，會給孩子

造成很嚴重的燙傷。請你們讓孩子回到座位上。」果然，媽媽們立刻讓孩子回到座位上。

在生活中也是一樣，把對方討厭的後果說出來，效果會好很多。如果你是家長，你跟孩子整天說要好好學習，其實也沒用，但可以告訴孩子，不好好學習的後果，很管用。

3. 選擇的自由

與人交流的過程中，單獨發問一定沒有給予選擇後再發問好，如你問同事：「要不要來份甜點？」多半人是不要的，尤其是不喜歡甜食的人；但如果你這麼問：「甜點有芒果布甸和抹茶雪糕，您選哪種？」同事多半會下意識做出選擇。歸根結底，這種「選擇的自由」是由對方決定如何選擇，如果對方能產生「自主選擇」的意識，被迫的感覺就會減少。人的大腦很喜歡偷懶，所以要讓他們少做決定，多做選擇。

4. 被認可欲

這一點在職場裏格外重要，尤其是對老闆。我們一直以為被認可這種感覺應該是下屬更需要，其實不是，老闆比下屬更需要。

女孩子請注意，如果老闆排第二，老公應該是第一，因為老公比老闆還需要被認可。

比如妻子經常請丈夫幫忙做家務：「你把窗戶擦擦！我忙不過來。」丈夫會來嗎？可能不會，因為很多男人從來不做家務，所以我們需要換一個方法。

「我們家就你能夠到那麼高的地方，只有你能把窗戶擦得更亮。快來幫我！」

這樣一說，丈夫至少會躍躍欲試，當利用了「被認可欲」，雖然並不能百分之百保證丈夫會擦窗戶，但至少不會令他感到不快，這就是心理學中稱為的尊重需求。

在工作中，如果請同事幫忙，可以試試這樣說：「這事兒就你能做，看能不能幫幫忙啊？」、「我也是沒辦法了，才請你這位大神出山。」、「我找了很多人，他們都推薦你。」這就是人的被認可欲。

5. 非你不可

所謂非你不可，在愛情中就是一句話 —— 只有你是最特別的。別小看這套交流的策略，它在職場裏也屢試不爽。

比如你約一個同事下班喝酒，你簡單地說：「去喝酒吧！」對方多半會反問：「為甚麼要去喝酒？」或者他不說話，但態度很明確，直接拒絕了。

但如果說：「你不來不熱鬧，你務必出席啊。你不來這局不成立！」這就是利用了「非你不可」這種心理學。

一般人喜歡「非你不可」的特殊感，聽到這樣的話，就會感到一種僅限自己的優越感，從而樂於回應對方。

如你是做服務工作的，請注意最好記住別人的名字。我通常喜歡在晚上跟人約頓飯，有一間吃小龍蝦的餐廳，雖然很貴可我經常去，因為每次去的時候，服務員都這麼說：「尚龍老師，今天還點十三香味的小龍蝦嗎？」

我感覺自己成了 VIP，這就是「非你不可」的感覺。這種「非你不可」的溝通方式如果放在談戀愛中，更管用。

女孩子問：「你喜歡我甚麼？」

你答：「只要是你，我都喜歡。」

女孩子問：「工作和我誰重要？」

你答：「對不起！因為是你，我不知道該怎麼選了。」

6. 團隊化

甚麼叫團隊，簡單來說就是自己人。當你跟別人提出一起做點甚麼的時候，往往比較容易說服別人。

曾有女孩勸從不愛運動的父親：「多運動運動吧！」因為父親體檢後發現身體有問題。

父親就是不動如山，女兒很聰明地說：「我想夜跑，但自己一個人害怕，你能不能陪我一起跑？」果然，爸爸開始陪着女兒一起跑步了。利用「團隊化」，能使對方產生夥伴意識，即使是麻煩的請求，也會樂於接受。

我自己的團隊每次給我彙報「麻煩」和「困難」的時候，說實話，我有時候自己也不知道該怎麼做；但我會告訴他們，沒關係，我們一起慢慢摸索，誰叫我們是一個團隊呢！

7. 學會說感謝

不要小瞧這簡單的兩個字，其實在你說的話裏僅加一句「謝謝」，就能瞬間拉近自己與對方的距離。

　　比如你跟同事說：「把桌子搬走」，效果往往不好。

　　你只要改成：「把桌子搬走，謝謝！」就能好很多。還是不夠，就再加一句：「謝謝啊！」、「謝謝」兩個字的威力很大，尤其是對於陌生人，「謝謝」兩個字一出口，首先潛意識讓人感覺，這都感謝我了，舉手之勞我要幫；其次讓人產生信賴意識，從而難以拒絕。

　　一個人習慣不說「謝謝」，人家一定會覺得「是不是覺得我幫你是應該的」。禮貌點總是沒錯的，尤其在職場，在一個成人的世界裏，再好的關係也要謹慎維護。

　　以上這七個方法都可以試試，一般說服別人可以幾條相互結合。「投其所好」和「被認可欲」這兩點尤為重要，是生意上、職場上、商界上的利器。

和上司的關係，本質是和他的交流。別覺得這句話是廢話，我們後文會用到。

和上司交流被稱為向上管理，沒錯，管理不僅是從上向下的，對待上司，也有從下而上的管理。所以，你需要學會跟上司溝通交流。

2015 年，蓋洛普公司一項調查顯示，75% 員工的離職原因是 —— 沒辦法和自己的上司處好關係。

可惜，我們沒辦法選擇我們的上司，因為上司不是我們自己選的，而是公司選的。

你不喜歡自己的上司沒關係，因為上司不是為了讓你喜歡而存在的；但很多人即使不喜歡上司，仍然非常尊重上司，因為他們知道自己尊重的不是上司本人，而是公司對上司的授權、是管理體系對上司的授權。尊重上司本質上是尊重公司，也是尊重自己，同時也是職業素養的體現。我見過那種當眾和上司吵架翻臉走的員工，還有那種離職後在網上罵罵咧咧的員工，這些人的做法本質上都是自己吃虧，雖然離開了公司，卻沒有離開江湖。要知道，許多行業的上層是相通的，他們還經常坐在一起喝酒呢！

我們先定義一下上司，上司不是甚麼都在你上面，而是你和他有共同的目標，你們像一支球隊，只是打的

位置不同而已。所以你的功勞就是上司的功勞，上司幹成的事也會分你一杯羹。愈大的公司管理愈規範，愈難遇到那種上司讓你拿盒飯的事情。大家開展的往往是業務上的合作和指派，對於剛畢業的大學生，我的建議是如果可能到大公司工作，相對會更規範一些。

向上管理法則

接下來，我們分享幾招向上管理的溝通法則：

1. 有甚麼我能幫你的嗎？

請注意，我用的是「幫」。換句話說，沒必要低聲下氣，我們是平等的，我是來幫助你的。

號稱史上最強硬 CEO 的傑克・韋爾奇（Jack Welch）有一個助理，跟隨他 15 年，在韋爾奇退休後又成為他私人公司的合夥人和副總裁，被《紐約時報》稱為傑克・韋爾奇的「秘密武器」——她就是羅塞娜・博得斯基（Rosanne Badowski）。她寫過一本書，叫作《支撐》。書裏的核心思想只有一個——向上管理的最高境界，就是支撐，支撐就是幫。

所以，我們和上司溝通的核心只有一個——有甚麼我能幫你的嗎？

沒想到吧，上司也需要人幫，大家既然是一個團隊的，每個人都需要別人的支持，其中最需要別人支持的，就是上司。在創業初期，我經常會跟幾個部門高層吃飯，聊天時我總是會問一句話：「你這個項目有甚麼

我可以幫忙的嗎？」這句話說出來，往往都會得到更多反饋。

我們作為員工，要說的話、做的事就是支撐他。彌補他的短處，支撐他的長處。如果他擅長做甚麼，我們就支撐他，讓他放手做，知道他不擅長甚麼，就幫助他去彌補那些缺點，主動和領導互補。

我原來有個助理，大學剛畢業，甚麼都不會，說想在我身邊學習學習，從某種程度來說，我也應該算他的老闆。結果他跟我愈學愈像，在我跟別人發脾氣的時候，他的脾氣發得比我還大，完全不顧及別人的感受；在我說好話的時候，他比我還軟，完全沒有互補的意識。當然，幹了沒多久他就走了。其實正確的方式應該是這樣，當我開始發脾氣時，他應該做的是立刻理性起來，這才是一個團隊應該做的，支撐老大，是要以辦成事情為核心去支撐他，互補就是一種支撐。

為甚麼要支撐自己的上司呢？請記住，因為無論你是否承認 —— 他成功的概率比你大。他的資源比你豐富、經驗比你多、訊息比你廣泛。所以他的成功，也就是你的成功。

2. 及時回應

我們在家時，往往不會優先處理工作上的事情。但在職場裏，一個人如果每次交代給他的任務他都沒有回應，很容易直接被打入冷宮。

上司交給你的任務，你都要有回應。隨時跟上司回

應並不是拍馬屁，我們這樣做只是給他省時間，讓他去思考更重要的決定。我的建議是，尊重上司沒甚麼丟人的，上司跟普通員工一樣，只是位置不同而已，保持起碼的尊重是應該的。在這裏我不討論逢年過節要不要送禮的話題，因為送不送都是你的自由，但至少，你應該記住他孩子的名字，這個簡單的舉動，就能拉近彼此的距離。我們上一章說過的「被認可欲」，就是作為一個普通的人，也喜歡被人認可。

佐佐木圭一在《所謂情商高，就是會說話》中還說過，如果你希望上司提供建議，你最好的溝通方式應該是這樣 —— 有件事需要馬上做出決定，我想請您指點一下。這種「只有您可以做決定」的話外音，也是我們向上管理的關鍵。

3. 公開支持，私下批評

這簡單的八個字看起來平淡無奇，但做起來很難。我們多數人都做反了 —— 私下支持，公開場合批評。公開支持很重要，在創業這麼久後，我深知公司管理層有很多問題，可我從來不在公開場合說公司不好的地方。但私下會議裏，誰都知道我是那個最敢批評的傢伙。批評也是一種支撐，但公開場合的服從也很有必要，尤其是有外人在的時候。

為甚麼唐僧不喜歡孫悟空？在職場，有一個亙古不變的原則 —— 上司都喜歡服從的下屬。孫悟空總是挑戰唐僧的權威，他想怎麼樣就怎麼樣，所以你看《西遊

記》會發現，任何時候只要孫悟空覺得不對，他就只按照自己的意思去做，唐僧作為師傅當然覺得沒面子，所以動不動就唸起了緊箍咒。作為下屬，豬八戒的服從是正確的，雖然他並不是一個好員工，但如果高層一定要裁掉一個人，多半是裁掉孫悟空。所以，當你和上司意見不合的時候，不要當眾給你的上司難堪和直接反抗他的命令。

如果真的和上司發生了衝突，也別怕，但最好能發生在私下。對事不對人，好的上司是會明白的。

4. 定期溝通

溝通不是一次的事情，要定期，如一週一次，哪怕一個月一次，溝通前可以寫個大綱。

Facebook 首席運營官雪莉・桑德伯格（Sheryl Sandberg）就是向上管理的高手。面對比自己年輕許多的上司，剛加入 Facebook 的桑德伯格就與馬克・朱克伯格（Mark Zuckerberg）商定 ── 每週雙方做一次面對面的工作反饋。這裏多說一句，這個時代的變化比我們想像的還激烈，你當然有可能遇到比自己年輕的上司，那怎麼辦呢？不要倚老賣老，參考以上攻略。最初幾年，他們每週五下午 2 點都見面，並且事無巨細地談論雙方所關心的事情。「幾年下來，分享真實的意見已經成為我們關係當中很自然的一部分，我們現在隨時會這麼做，而不必再等到週五了。」桑德伯格接受媒體採訪時這樣說。

　　溝通的過程中，也可以跟上司多分享一些知識、技能和資訊，如下次跟上司溝通前，可以帶本書去推薦他看看。同時也可以分享勝利的果實、榮譽甚至是失敗。別忘了，你們是一個團隊的。

　　適當地讓上司了解你的工作進程，不要事無巨細地彙報，但對重要工作可以定時徵求上司的意見和建議。這樣做，一方面可以幫助你調整工作重點和方向，另一方面也可以讓上司了解你的想法和成績，為今後升職加薪做打算。

5. 發郵件預定他的時間

　　上司最寶貴的不是他的衣服，而是他的時間。發個郵件預約一下，表達這次溝通的重要性，儀式感很重要。

　　在溝通之前先要考慮到對方的背景情況，如每次都採取一樣的溝通方式，那你肯定會遇到麻煩。了解上司的處境，比如他正在焦頭爛額就聊些輕鬆的；如公司正在被合併及收購，就聊些你知道的甲方消息；如你們公司最近正在盈利，可以聊聊漲工資的事情了。

　　為甚麼建議你和上司溝通要寫個提綱？

　　首先，要謹言慎行，這個在職場裏很重要，病從口中進，禍從口中出。其次，在發言之前要綜合權衡，不需要說的話堅決別說，須知任何話說出去就如同潑出去的水，你很難確保它在傳播的過程中不變味兒。

　　上司的時間很寶貴，在麥肯錫公司（McKinsey & Company）有一個實驗稱為「電梯測驗」，你的方案要

能夠在電梯運行的 30 秒之內向客戶或上司陳述清楚，這也就要求你對自己的內容熟記於心之後再去和別人交流。

那 30 秒夠嗎？

麥肯錫通過長期的管理諮詢實踐，得出了一個結論 —— 只要你對你所要講述的這個事情足夠了解，30 秒肯定足夠。而且，如果你真的能夠在 30 秒內把自己的方案講清楚，上司也會對你刮目相看，成功的概率也會更高。

6. 在玩的時候，跟他溝通

講到這兒，也回答一個問題，有朋友問：「我和上司打麻雀（打籃球、踢足球），應不應該贏？」答案就藏在了開頭，還記得那句話嗎？和上司的關係，本質是和他交流。換句話說，贏不贏都不重要，<u>要在玩的時候跟他交流，這才是最重要的事</u>。

如果你剛進入社會，也不要覺得這一節內容離你很遠，因為人到了 30 歲左右，往往就坐到了管理的位置。當一個人到了 30 歲，還沒有在一家公司做到管理的位置，那他要不已經成了某個領域的專家，要不就是事業已經開始走下坡了。

而做管理涉及如何跟下屬溝通，這是一個很重要的學問，因為現在這個時代，你不理解你的下屬，就會忽然遇到下屬辭職、變動、找你加人工、忽然背叛你等一系列事情，這些忽然的炸彈，會把你炸到措手不及。

要多和下屬溝通，了解一下他們的想法，以不變應萬變。而下屬迷失了自己的價值觀，變得和公司的大方向不一樣，就是上司的責任了。

羅伯・卡普蘭（Robert S. Kaplan）在《哈佛商學院最受歡迎的領導課》一書中說：「員工之所以和你產生矛盾，這是因為你沒有向員工傳達公司的願景是甚麼，也就是說，員工並不知道公司發展的目標是甚麼，公司有哪些特別之處。所以優秀的領導者在帶領團隊實現目標的時候，首先會向員工清晰地描述公司的願景。員工不知道，就會混日子，這很正常。」

和下屬溝通也稱和下屬談心，它的核心只有兩個：一、我和公司（部門）現在是甚麼狀態；二、你現在是甚麼狀態。

第一個是你要跟他更新的，第二個是他要跟你更新的。你的下屬，其實就是你的左膀右臂，和你有着共同的目標，當你發現你們的目標開始有分歧時，最好的方式就是抓緊談話聊天。能改變他的想法就及時改變，不能改變要抓緊止損，畢竟，同事就是一支球隊，大家的目標是一起打贏一場球。

除了跟他更新你的想法，為甚麼還要讓他更新自己的狀態呢？曾經有個朋友突然跟我說公司過兩天需要一個新的總監，希望我能幫忙推薦；我很詫異，他之前的那個總監很優秀，為甚麼要招聘新的。他說，因為他通過談話知道，總監的太太和孩子搬到了上海，他又是一個很顧家的男人，所以他辭職是早晚的事情。果然，幾天後，他的總監遞交了辭職信，他請人家喝了頓酒，還告訴人家歡迎常回家。第二天，新的總監來到了公司，他們不緊不慢地交接了工作。

這就是好的領導，懂得提前考慮，不被下屬的變動殺個措手不及。

和下屬溝通的技巧

跟下屬溝通歸根結底要講究技巧，你可以用這幾個問題概括：

1.發生了甚麼？

和下屬談心往往都是因為有事，可以先直奔主題。

2.你怎麼看？

請他表達自己的看法，這個時候，你傾聽就好。

3.你都試了哪些辦法？

不要光聽他的抱怨，還要看他和他的團隊用了甚麼辦法。

4.有甚麼我可以幫助的嗎？

一般和下屬談心，往往都會聊到一些事情，有時候他不好意思找你求助，你應該主動去問。

5.還有嗎？

一定確保他把自己的話說完，你再讓他走。每次交流，都應該至少解決他的問題。

請記住：下屬的表現不僅是他的能力，還有他的心理素質。

我們剛進入一家公司，來到一個機構，為甚麼往往發揮不出自己的全部能力？第一是對新環境不熟悉，第二是每個辦公室都有自己的規則。很多員工在做一件事情的時候會擔心自己觸動哪個部門、哪個人的利益，所以沒辦法注意力集中地發揮自己的專長。

讓每個員工都能充分發揮自己的專長，是上司應該思考的問題，但這一點很多人都沒做到。所以我們經常看到一個很普通的員工，一換公司，忽然如魚得水，上天入地，無所不能，前公司的上司只能後悔莫及。

　　除了談心，對於上司而言，溝通還是一次「再面試」。許多員工在公司這段時間，不僅沒有進步，還越來越不適應環境，甚至越來越消極，那就要隨時做辭退他的準備。把一個害群之馬放在團隊裏，只會讓那些努力工作的人感到不公平。在職場裏不要養閒人，因為職場就是戰場，所以隨時「再面試」很重要，人是會變的，變化的速度，絕對超出你的想像。

　　你的下屬除了是你的下屬之外，還是你要培訓的對象，除了讓他幹活，還要帶着他進步，與他溝通時，還需要注意把事情交代清楚，不要模棱兩可讓人去參悟。

溝通的三個步驟

步驟 1.「是甚麼」
是指我接下來要你做的是甚麼事，愈具體愈好。

步驟 2.「為甚麼」
是指這件事對公司或對你個人的意義，說明重要性。

步驟 3.「怎麼做」
是指我建議你怎麼做，注意是建議，不要規定他怎麼做，每個人都有自己的操作方法。你只需要管結果，過程最好別參與，除非他的過程產生了其他的惡果。

必要的時候，還要請他重複一下。在計劃任務的時候，別怕重複，日本便利店 7-11 的創始人鈴木敏文，甚至提出他和下屬計劃工作要說三遍。他說一遍，下屬複述一遍，下屬剛轉身要走，他又把人家叫回來，再聽下屬說一遍。作為上司很忌諱這句話：「不要讓我說第二遍。」這樣你和下屬的距離會越來越遠。

如果下屬不找你談話，你也要主動去找下屬聊。如果你覺得太正式，就找個地方請他吃飯喝酒喝茶，放鬆點，別高高在上，你會聽不到大家的聲音；別顯得內向。你主動點，下屬就不會太被動。

尤其是當你發現下屬的狀態有些反常的時候，如下屬平時很溫和，突然在開會或計劃任務時表現出很激烈的情緒，甚至忽然說髒話罵人，他可能在業務推進過程中遇到了很大的阻力。要找他談話問清楚，必要時也可以提供幫助。

如果你的下屬工作效率突然下降，心不在焉，也要找他談話。從自己的角度提供一些幫助。

有個有意思的事情：如果你的員工突然工作特別努力，他也可能是準備換工作了。因為有的人臨走之前希望努力為公司多做一點事，留下個好名聲，讓別人知道自己是多麼敬業。

總之，經常一起聊天，好處多多。如果可以，甚至可以拉着下屬下班後吃個飯、打場球、跑步等，了解一下他除了工作外的狀態，尤其是吃飯的時候，說不定能有更多的發現。

有一點也很重要，要注意談話的時間。

談心的時間不能太長，如果有看過心理諮詢的人會知道，諮詢師只會給你 50 分鐘的時間，最長不會超過 1 小時，美國很多心理醫生就給你 10 分鐘至 20 分鐘時間。太長反而沒有甚麼用處，適得其反，人精神高度集中能保持的最長時間大約是 1 小時。談心最好也以這個時間長度作為上限。

到時間就主動結束溝通，下屬不敢結束，你要及時結束。

不要忌諱跟下屬聊工資和待遇

作為上司，不要忌諱跟下屬聊工資和待遇，不要繞彎，大膽地去聊。聊完用郵件確定，跟下屬聊工資不丟人，不聊錢光聊情懷這才討厭，現在年輕人多聰明，誰還看不懂你想使用廉價勞動力？

上司可以盡可能維護自己的利益，也要給年輕人多爭來一些利益，跟年輕人談錢，年輕人才會尊重你。其實現在這個時代的年輕人已經很清楚自己要的是甚麼了，也很清楚地知道工作不高興是常態，所以他們更尊重那些為自己爭來利益的上司。升職加薪是不可躲避的事情，下屬要想得到更多，你應該鼓勵他，但是相應地，他也必須要付出更多。說實話，能夠被工資激勵的下屬，管理起來反而容易。

適當的時候，還要跟員工聊生活，如大多數的中年人會渴望掌控自己的生活，渴望受尊敬，還希望發展興趣愛好，注重子女教育。大多數年輕人更在乎自己的將來，你也可以跟他們聊聊理想，和自己是怎麼從他那個樣子一步步走到了今天。

如果你還不是上司，別着急，等你 30 歲時，把這篇文章再找來看看。

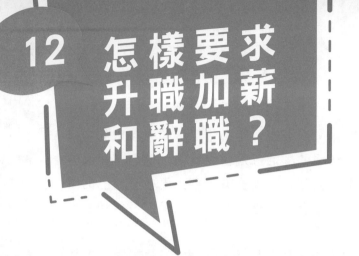

在職場裏有兩種比較膠着的對話，就是要求升職加薪還有離職，一個朝裏，一個朝外，都跟人的狀態有關。我之所以不說一個朝上，一個朝下，是因為很多時候，離職不一定是壞事。

加薪升職的溝通法則

我們先說加薪和升職的溝通法則，無疑，跟上司談升職加薪是很難的，因為升職需要有空閒的崗位，加薪需要你提供更多的價值。而女性在職場提出這些，成功的可能性更小。

根據某求職公司 2016 年的一項研究，男性經理人談加薪的成功率是女性經理人的三倍。這個是題外話，對於女性，職場對她們來說更艱難。

那是不是我們就不提了呢？不是，一定要提，但要講策略。你不提，原則上老闆不會給你加薪。除非你遇到了好老闆，一直在關注你的成長，在乎你做的工作。

1. 提出自己的價值

我們之前說過向上管理，對於你來說，你可以每週或每月總結自己的成績，跟老闆多溝通，以免疏漏，同時盡量量化你的工作成果，用書面和口頭的形式跟老闆表達，這些表達都指向一個結果 —— 我做了甚麼、我有甚麼價值。聰明的老闆會逐漸發現你的不可替代性，接着升職加薪也是可能的。

除了跟老闆彙報你的價值，還要了解你自己的市場價值。所謂市場價值，就是跳出公司，在整個市場上的價值。例如我是個老師，我不僅要知道我在公司一個月拿多少錢、做多少事，我還要看我在教師這個領域和行業裏的價值，因為誰也不可能在一個公司待一輩子。更何況，了解自己在外的價值，是跟老闆談判的前提，因為能跟人談判的底線，就是你可以轉身走人。

這裏多說一句，價值不等於工資，還有其他的東西，如期權、股份、休假、公司福利，甚至如果你剛進入一家大公司，也可以不要那麼高的工資，學習機會更重要。

哈佛商學院的教授邁克爾・惠勒（Michael Wheeler）在《談判的藝術》一書裏說，談判時我們要學會識別等價交易。

甚麼是等價交易？換句話說，成人的世界裏沒甚麼情緒，只有對等才重要。我們在後面會說到有效社交，有效社交有一個公式 —— 只有等價交換，才能有等價感情。聽起來雖然殘忍，但這個在職場裏你無法避免。

《談判的藝術》裏強調談判的動態持續過程，如你想要年薪 10 萬美元，對方不願意給這樣的高薪，那這個時候你就只能放棄嗎？不是，如果對方不能滿足這麼高的薪酬標準，你要想到可以提甚麼補償要求來彌補這一點，如提供股票期權或更好的福利、更多的假期等等。在這樣的思路下，你也可以制定三個等價的交易 —— 交易 A 就是 10 萬美元薪水和標準福利；交易 B 是 9 萬美元薪水和標準福利，再加一些股權激勵；交易 C 是 12.5 萬美元的薪水，但是可以接受無福利、無股權。

有時候，你加的工資也可以用其他的方式去結算。在熊太行老師的《掌控關係》裏提到一個解決方案 —— 考慮到自己的薪水會因為提升之後被收取更高的個稅，到手的沒有想像的多；所以相對而言，更聰明的辦法可能是選擇和公司共同進步，如請求公司提供一些培訓、參加公司組織的旅遊度假或附加本人和家人的健康保險。有時候，這可能比拿了現金再去購買這類服務划算得多。

總結一下，跟上司談加薪你可以這樣開口 —— 我這個崗位的市場價值是多少？我認為我值這麼多錢，原因有哪些？接着你可以介紹你的工作成績，也可以說說你和公司的過去，以及對未來的展望。

不要說自己多麼不容易，因為成年人的世界裏沒有容易的，老闆可能比你還不容易，你是來工作的，不是接受施捨的，更別拿別的機會來威脅老闆。即使手上有

別家公司的錄用通知，也不要拿來跟老闆談價格，如果對方開價很高的話，你可以上調自己加薪的預期價格。也不要提別人的薪水，因為這在公司屬不能知道的事，公司裏每個人的工資都屬絕密的訊息。我總結出一個觀點，老闆給你加薪只有一個理由 —— 你值這麼多，而不是你需要這麼多。職場裏沒人管你需要甚麼，只看你值多少。

2. 跟老闆談

讓對話圍繞「我們」展開。我在電梯裏看過一個廣告，不斷重複着「跟老闆談」，其實這個廣告打的剛好是痛點；因為跟老闆談是最直接、最有效的溝通方式，你應該直接和你的老闆談，而不是跟人力資源部門的任何人談，理由也很簡單，中間少一些人，能少很多迴旋的餘地。而老闆躲在後面，許多「不」也會隨之而來。

3. 提數字

談加工資，不要光說想法，要說具體數字，不說數字也要有一個大概的範圍，如我希望月薪 5 萬，如果達不到，至少也應該是 4 萬。範圍不能太大，底線在心裏有數就好，別上來就跟老闆說：沒有 5 萬，5 千也可以。

研究者發現，在加薪談話中，給出精準數字的員工，成功率更高。因為這樣會讓你聽起來是做足了準備才來的。

給上司尊重，也是給自己尊重，從數字開始。

4. 提前演練

　　簡單的四個字卻包含着巨大的能量，就好比當老師，如果這門課你不自己在家提前講一遍，第一次上講台肯定會有很多疏漏，如哪個知識點忘了講、哪個知識點講完對方沒懂。提前演練相當重要，首先大開腦洞去想，老闆可能會問甚麼問題，盡可能多地列出來，列出來之後，再針對這些問題去想，怎麼回應才是最好的。甚至可以和家人或朋友進行角色扮演，對方扮演一個固執的老闆，不肯加薪，你就努力說服他。練得差不多了，你才算是做好了上場和老闆談加薪的準備。

5. 關於時間

　　作家丹尼爾・平克（Daniel Pink）綜合了心理學、生物學和經濟學的研究成果，在新書《時機管理》中說：「如果你要去醫院的話，不要下午去；如果你想談加薪或面試，最好上午去，因為老闆在上午時精神好、心態比較開放。」所以，時間很重要，再補充一下，不要在週一、週五和大清早談加薪。週一上午是開會的時段，一般大家都比較忙，而週五是人們準備鬆懈的時間，你去談往往效果不好。最好的時間是週三和週四的上午。另外，你最好事先預約一下，不要對老闆突然襲擊，讓老闆有時間做一些準備。

如何談離職？

離職的原因表面上看有很多，但其實離職真正的原因通常只有兩個 —— 傷了心、傷了錢。但請記住，別把這個說出來，這是情商低的表現。你哭着對其他人說，我走是因為我傷心了，因為工資低，這簡直是小孩子幹的事。

怎樣跟上司、同事說離職呢？答案很簡單 —— 我出於個人原因離職；覺得工作太忙；路途太遠；顧不上家裏；想轉行；想留學等等。

個人原因是最好的，別說任何人的過錯。只有一種情況你可以公佈自己的下一間公司，那就是該公司比現在的公司強大很多、不在同一個行業，或在另一個國家，與本公司沒有直接競爭關係，例如你是個英語老師，轉行幹 IT 去了，沒關係，大膽公佈，誰也傷害不了。

在結束一段旅程時，請一定要表達感謝 —— 我很感激公司、很感激上司，希望您能批准我的辭呈。

還可以加一句：如果公司需要的話，我可以幫助推薦人選，我會交接好自己的工作，需要的話，我可以在這裏繼續做一個月。

許多員工離職，弄得大家不開心。不要說前公司的壞話，誰都知道你肯定是不高興了才走，那就別從你的嘴巴裏說出這家公司的不好了吧。

如果上司說，你再考慮考慮，你要說：「我已經考慮

清楚了，我還是希望離開，希望以後能有機會再和公司合作吧！」

如果上司說，你對公司的管理、文化，有甚麼意見嗎？

對他來說必須要問，對你來說不要說。

你的答案應該是：「沒有，我很喜歡公司的文化，我是出於自己的緣故……」

不要提意見，不要發洩，不要渲染情緒，更不要藉機報復，說實話沒必要，畢竟人走茶涼。

有些不可靠的上司會因為你變成了前員工而出賣你，甚至把你批評其他同事的話說給他們聽。

多說一句，經濟環境差的時候，盡量不要辭職，就算辭職，也要做到「騎驢搵馬」。

你可以請上司私下吃飯，尤其那種老師角色的上司。如果你的下屬因為留學或修讀研究而離職，大家吃飯都會很開心，因為下一次相逢，你們會在更高處。

如果你去的是競爭關係的公司，或者沒有明確自己的去向，那就悄無聲息叫幾個關係好的同事小聚一下好了。

最後講一個故事，《三國演義》中關羽和劉備走散，投靠曹操，後來他又聽到了劉備的消息，於是決定從曹操那邊離職，我們看看他是怎麼做的。

關羽先為曹操斬了顏良、文醜，立下汗馬功勞，隨後他提出辭職，接着默默地離開。這個過程，其實堪稱離職典範，為甚麼？

1.好的離職時機

高級人才跳槽的最好時機是完成一個階段性任務，立下點功勞以後。這個時候，公司剛好還在盈利，也沒人說你落井下石，你的離開反而成就了偉業。

2.一個無法拒絕的理由

為甚麼要離職？你的理由一定是自身的。關羽的理由很簡單 —— 忠誠。從一而終，你曹操就算再怎麼想留我，也不能毀掉我的「忠誠」吧！

3.正確的辭職對象

還記得嗎？要向直屬上司辭職，別越級，否則搞得像投訴般，對人事部說則好像你和直屬上司的關係已經沒法好好說話了，所以關羽只和曹操把話說清楚後就離開了。

4.靜悄悄地走

關羽走的時候，沒有跟任何人說自己要走，沒有生事，沒有聲音，只留下一個背影和對未來的憧憬。

5.念舊情

後來在華容道，關羽見到昔日的老闆，曹操落荒而逃，差點連命都沒了，但關羽放了曹操一條生路，從這個層面來說，他的離職做到了完美。從此江湖上，每個人都喜歡成為關羽。和關羽相反的「離職達人」是呂布，為甚麼呂布最後落了個被殺的下場？其實呂布被俘的時候本可以活命，但劉備的一句話，還是殺死了他：「明公不見董卓、丁建陽之事乎？」對前上司那麼不留情面，誰還敢再聘用他呢？

我曾寫過一篇還熱爆的文章《放棄那些無用的社交》，大概的主旨是 —— 只有等價的交換，才有等價的感情。後來這句話被傳播得很廣，意思就變味了，有人說，我跟我摯友、閨密也是這樣嗎？太沒人情味了。所以，今天我覺得有必要把這個話題再延展一下。

建立有效的人脈關係

社交圈大致分為三類 —— 第一類是互利圈，也就是非常直接的有實用價值交換的社交圈，就像職場，在這個圈子裏，你不用談太多感情，有感情很好，沒有也沒事兒，因為有共利的事情才是成人世界的規則；第二類是人情圈，它不是簡單的利益交換，而是有了人情的成分在裏面，如你的親人、你的同學，你們也可能會有合作的時候，也可能會有互相幫忙的可能，但這時已經有了人情；第三類是交心圈，這個圈層內的社交關係，超越了利益交換的範疇，而是價值觀層面的相互認可，在這個圈子裏，你就不用再想甚麼無用和有用的社交了，真情都是無用的，也都是最有用的。

所以我們在職場交流裏，只強調第一類，也會帶一點第二類社交。

其實，「可交換價值」愈大，你能夠吸引的人就愈多，願意主動跟你打交道的人也愈多。就算你是個很內向的人，也會有更多的人主動接觸你。只要你的交換值夠大，別擔心人情冷漠，即使你一時落魄，也會有更多的人願意幫助你。因為人們都知道，如果你不是憑藉運氣，你東山再起不過是早晚的事。

在這個基礎上，建立有效人脈的第一步，就是建立自身的價值和提升自身的價值，如你可以通過時間磨煉出一技之長，刻意練習，讓自己成為某個領域的專家。

第二步，放大自己的可交換系數。簡單來說，就是建立對自己最合適的社交圈，並且能夠贏得圈內人的信任。換句話說，你要進入這個圈子，如你是個作者，寫的東西很好，但這還不夠，要想辦法進入圈子，你可以參加當地的作家協會，可以在網絡上多和那些同圈的人互動，可以多參加一些他們組織的飯局。但請記住，在加入圈子時，一定在你有了自己可交換價值的前提下，如果自己缺乏「可交換價值」，一切社交都沒有用，而且是在浪費時間。

美國溝通專家、演講大師凱倫・伯格（Karen Berg）有一本書名為《如何實現有效社交》，給了有效社交明確的定義，所謂的「有效社交」，就是與他人進行高效而順暢的溝通，並且能隨時靈活應對和解決各種突發狀況，順利推進和落實你自己的要求和建議，從而為自己營造出更好的社會關係。

在職場裏，有效社交十分重要，所以我為你準備了幾個方法：

1. 見面交談

我們發現，其實不少人可以在手機網絡上談笑風生，可一旦到了真實世界，卻依然不知道該怎樣與他人進行交流。這樣的人，在年輕人群體裏格外明顯。

在工作場合中，見面很重要，不僅因為見面三分情，而且因為語音和文字裏的訊息並不完全，<u>還有很多訊息，如表情、語氣，你必須在面對面時才能體會得更全面</u>，這些訊息在潛意識裏很管用。這就是為甚麼有效的交流往往都在面對面裏獲得，在互聯網如此發達的今天，許多生意，還是要面對面才能把合同簽好。

2. 琢磨對方的需求

我們之前說過換位思考，《如何實現有效社交》裏說：「實現有效社交的頭號法則就是 —— 在開口交流之前，一定要先琢磨透你的溝通對象，弄清對方此時的真正需求或興趣點。」

例如我們原來有位上司，開一個誓師大會，說公司要做一件多麼厲害的事情，希望大家多支持。我聽完他的演講，整個人都是不明所以的，我完全不知道這件事做好跟我有甚麼關係，我看了看身邊，所有人都無精打采。

如果一個人在工作中講一件事和另一個人一點關係都沒有，我實在不知道為甚麼要講出來。

　　《如何實現有效社交》分享了一個很有用的表格，叫「WIIFM 表格」——這個所謂的「WIIFM」就是 What's in it for me？翻譯成的就是：「這關我甚麼事？」

　　這個表格主要包含了三部分內容：

　　第一部分 —— 是溝通對象的「姓名」，你要說出對方的名字，拉近對方的參與感。

　　第二部分 —— 是對方遇到了甚麼「障礙」。

　　第三部分 —— 是甚麼能激發他的「動力」。

　　當你有了這個表格，可能問題還是沒有辦法解決，但至少，讓你在開口之前，釐清思路、換位思考，清楚勾畫出談話對象的心理需求，從而調整好自己的心態和策略 —— 如果你認真填完，立即就會知道用哪些話可以有效打動對方。

3. 核心訊息及論據

　　我曾在英語課結課時問學生：「你在上完我 20 小時課後，還記得甚麼內容？」我以為他會說某個知識點，誰知道他說，就記得你最後那個笑話了。

　　20 小時的課程，我竟然留在對方腦子裏的只剩下一個笑話，真是讓人崩潰。

　　之後我開始反思，在這個訊息嘈雜的時代，我們傳達的語言訊息，能夠被對方吸收、理解的是非常有限的。更嚴重的是，如果大家沒記住或沒有完全理解你說的話，他們就會想當然地創建自己的版本，將你傳達的訊息扭曲化。比如你明明上的是英語課，他覺得你在講笑話。

你玩過這個遊戲嗎？第一個人看到一段話，小聲把這段話傳給第二個人，一直傳下去，傳到第十個人的時候，已經面目全非。但如果只有一句話，效果就能好很多。

因此，使用嫻熟的語言，簡單、準確地傳達出關鍵訊息，在社交活動中顯得非常重要。那麼，如何科學地組織語言呢？這就需要一個非常重要的組合 —— 核心訊息及論據。

首先，任何社交談話必須緊緊圍繞一個「核心訊息」來展開。這個所謂的「核心訊息」，就是你最想傳遞的唯一關鍵訊息，而且，千萬不能複雜，要用最簡單的詞彙組成，切中要害。

這一點在工作中也非常重要，先把你要講的核心訊息寫下來，然後再跟別人溝通，寫完幾個核心訊息後，開始找自己的論據。接着就好辦多了，無論你拉到多遠，也都能收回來。

《如何實現有效社交》的作者在書中為我們舉了一個例子。

"

作者的朋友珍妮是一位圖形設計師，由於孩子太小，所以申請在家辦公。珍妮每天會給上司發一封長郵件，彙報自己在家的工作。儘管珍妮把大量時間都花在了工作上，但她始終感覺，上

司並不清楚自己幹了甚麼。逐漸地，上司對她產生了信任動搖，甚至還認為她可能在家裏偷懶。珍妮為此非常擔心和苦惱。

作者看了珍妮的郵件後，立即發現了一些問題：

1. 珍妮每天的工作彙報非常混亂，缺少核心訊息。

2. 有時候郵件裏居然還有很多廢話——如孩子病了、保姆請假了。

3. 每當上司提出自己疑問的時候，珍妮總會在郵件裏進行毫無意義的道歉，沒有提供任何有意義的證據解釋——這些道歉上司根本不感興趣。

於是作者建議，每次郵件交流時，只選擇最重要的三點核心內容，全用事實性訊息，停止毫無意義的道歉及解釋。要重點向上司說明自己已經幹了甚麼，而不是還未完成甚麼。不要在郵件中大談生活細節，更不要把不是工作的事情跟上司講。這點女孩子尤其要注意，很多時候，我們容易把工作和生活混在一起，理性和情感混在一起，這樣在職場裏特別不好。

就拿珍妮為例，應該怎樣組織語言呢？把「核心訊息」設定為「我能夠幫助公司取得發展」，不要再加其他東西了。論據可梳理出這幾點——「我已經成功幫公

司把某項目發展成了多個項目」、「我發現並推進了一些可以幫助公司更好成長的項目」、「這些是我可以改進的，這些是我無法做到的」。通過這種有效而清晰的語言組織，珍妮與上司之間的交流，終於令上司滿意了。

如果我們能把話題都收緊為 —— 核心信息及論據，一切溝通就能有效很多。

4. 除講話之外的訊息表達

有數據表明，每次談話後，人們通常只會記住對方的語調、言談舉止和給人的感覺，超過 90% 的人都是憑印象做出決定。我不得不否認這是個看外表的時代，所以跟別人進行重要聊天時，必須梳理一下，否則你說得再好也不能給人留下好印象。除此之外，你的手勢和其他身體語言，將佔總體形象的 93%。換句話說，傳達訊息的方式，可能比傳達訊息的內容更為重要，它將決定大家是否能夠記住你的訊息，並採納你的建議。

當然，重視「視覺化」，並不是讓你去整容，而是去提升個人的表演技能，這也是實現有效社交的關鍵一環。每個人都應該學點聲台形表之類的表演課，甚至從某種角度來說，每個人都是天生的表演者。你可以看看我們的孩子，他們是多麼高超的表演大師。

首先，在你要進行重要談話、演示、演講前，可以提前進行一些「攝像訓練」。把手機架在面前，把自己的演講錄下來，別覺得這很尷尬，許多人都有過這樣的經驗。我在剛開始當老師的時候，每一節課都是用 MP3 錄下來，之後通過翻看怎麼改正自己的演講。

　　其次，<u>進行呼吸訓練</u>，這是我跟中國傳媒大學的學生學回來的，<u>調整好自己的聲音</u>。為了調整好自己的聲音，《如何進行有效社交》的作者建議我們首先要在平時注意進行呼吸和聲音控制的練習，中國傳媒大學的學生把這個稱為 —— 練聲，例如把雙拳放在胸部，用力下壓，同時大聲說：啊、哈、嘿等嘆詞，不斷重複 —— 這可以幫助我們更好地發聲。

　　有些老師講課聲音很好聽，而且不會講得很痛苦，講 10 個小時都沒關係。因為他知道怎麼控制自己的聲音，<u>讓自己用胸腔發音</u>，這樣的聲音好聽也能讓人有<u>共鳴</u>。

　　還有一個非語言的有效溝通技巧是 —— 保持目光接觸，與對方建立聯繫。<u>在交流過程中，與聽眾建立信任的最簡單方法就是要保持目光接觸</u>。除了單獨一對一談話時要與對方保持目光接觸之外，在多個人對話時，你也要注意目光的接觸。

5. 預演未來

　　在做任何一件陌生的事情時，預演未來都十分關鍵。請相信，無論事先的準備多麼充分，在溝通過程中都可能出現意外，讓整個進程陷入混亂 —— 如電腦突然死機、客戶忽然接電話、你忽然拉肚子……

　　我的建議是，<u>你一定要想到最壞的打算是甚麼，在工作中重要的講話一定提前演練</u>，盡可能考慮到每種回應。

　　換句話說，一定要有備選計劃。有備選計劃的人，心裏不慌，張嘴也就更容易一些。

14 如何成為一個談判高手？

談判是一門學科，在哈佛還有專門的談判課。所以，關於談判我只能淺談，能夠勾起你對談判的興趣即可。

甚麼是談判？

我從一個小故事開始：

> 一位媽媽把一個橙子送給鄰居兩個孩子，兩個孩子開始討論如何分這個橙子，吵來吵去，一直沒有結果，甚至差點打了起來。
>
> 直到談判開始，一個孩子問：「你要這個橙子做甚麼？」
>
> 這個孩子回答：「我想把橙皮磨碎，混在麵粉裏烤蛋糕吃。」
>
> 提問的孩子說：「好，我把橙皮給你，果肉留給我，我要把果肉放到榨汁機裏榨汁喝。」
>
> 想要橙皮的孩子一聽，心想反正果肉我也不要，就把果肉給你吧。最後這兩個孩子達成一致意見，一個孩子得到橙皮，另一個孩子得到果肉，他們高高興興地回家了。

　　這兩個孩子分橙子的過程，其實就是一個談判的過程，他們從開始交談（注意不是吵架）的第一步起就是談判，兩個孩子都沒有向對方妥協，而是從需求出發，看是否有一個較好的方法能夠滿足雙方的需求。好的談判並不是你贏了我就輸了，而是一種雙贏，是一種通過溝通達到每個人都想得到的東西的手段。

　　談判無處不在，在工作中你找上司要資源；在戀愛中你跟對方談婚論嫁；在生活中你和小商販議價，都需要談判。

　　有朋友曾問我：「談判的態度應該怎樣更好？」

　　大多數情況下談判有兩種風格──強硬的，我要堅持我的立場，你必須按照我的要求達成協議；溫和的，談判人比較著重維護關係，寧可做出退讓也希望能夠達成協議，但其實這兩種方法都不是最好。

　　我們需要的是原則式談判，所謂原則式談判是在道理、原則上要強硬，但在對待對方的態度上溫和，這樣剛柔並濟的談判效果最好。換句話說，對於你要達到的目的，你必須強硬，但在語氣、溝通上，一定要溫和。

　　既不是誰更強硬聽誰的，也不是你軟弱你一再退讓以維護關係，而是在談判時盡量尋求客觀標準。

　　以下分享幾則談判時的要點：

1. 避免人和事混為一談

　　談判的時候，人很容易充滿代入感，談判時事情是

事情，人是人。在《哈佛談判課》裏提到一個方法 ——
你在溝通的時候只說自己，不談對方。

這是甚麼意思呢？就是無論對方提出甚麼樣的問題
和質疑，你只表達自己聽後的感受，表達自己的擔心，
而不評價對方的心態或提出意見。其實這和《非暴力溝
通》一樣，我只表達自己的感情，不評價你。

記住，自己的代入感不要太強，如當你讓步了，可
對方並沒有讓步的時候，你不要說：「我做這麼大讓步，
你怎麼一點面子也不給，是不是看不起我？」這就屬把
自己當回事了。要記住，你談的是事，而不是把自己當
回事。

2. 扮演一個不情願的買家或賣家

想要達到一種共贏的狀態，首先要營造一個共贏的
談判氛圍，談判時的氛圍很重要，這就是為甚麼大家總
希望在自己的地盤上談判，因為環境很大程度左右談判
的結果。

羅傑・道森（Roger Dawson）是美國前總統克林
頓的談判顧問，美國 POWER 談判協會的創始人兼首
席談判顧問，他的著作《優勢談判》提到一個技巧很有
趣 —— 扮演一個不情願的買家或賣家。要注意的是，即
使你已經迫不及待，也必須表現得非常不情願，因你一
旦表現出特別想要，從氛圍上就輸了。

作者提到了一個案例分享給大家，故事的主角是美
國前總統特朗普（Donald Trump）。

> 　　在 1991 年，特朗普還是一個地產界的大亨，當時他陷入了一個巨大的危機裏，需要籌措大量資金，他有一個最好的選擇，就是出售一家酒店。恰巧一名澳洲的億萬富翁艾倫·邦德聽到這個消息，表示有興趣購買這家酒店。
>
> 　　特朗普當時已經迫不及待地想要把酒店盡快脫手，畢竟已經到了缺錢的地步，但他還是裝作不太情願的樣子說：「那可是我最喜歡的產業，我捨不得把它賣掉，還想把它留給子孫呢！你可以考慮買其他酒店，但千萬別買這個。不過為了公平起見，如果你非要買的話，告訴我你願意出甚麼價格？」後來艾倫·邦德以 1.6 億美元把這家酒店買走了。

　　3 年前，特朗普以 7,900 萬美元買下這家酒店。美國的房價漲得並不快，這門生意，基本上算是大賺了一筆，如果一開始特朗普表現很着急賣掉這家酒店，對方多半會趁火打劫。

　　這就是談判的策略，就算你很着急，也要表現出自己不着急的樣子。在談判裏，誰着急成交，誰就先輸了一輪。

3. 不要直接提出自己的條件

談判還有個技巧,愈少讓人知道你的想法愈好。如果實在沒辦法,必須提出的話,就要開出一個高出你心裏預期的條件,甚至看起來難以接受的條件。賣東西只有開出高條件,你才有讓步的空間,這樣不但避免談判陷入僵局,還能顯得你比較願意合作。

先突破對方的心理防線,再根據他的談判條件調整自己的心裏預期。優勢談判是讓對方在談判結束的時候感覺自己勝利了,但真實的他勝利與否我們另說,不過他這麼覺得就好。

回到工作領域上,當上司讓你給自己定薪金時,你要定高一些讓他還價,但別高到離譜。原因很簡單,開出比較高的條件,能提高你在對方心中的價值感。對方也許慢慢還到一個你心裏預期的價位,但還有一種可能,就是對方很有可能會爽快地接受你的條件。仔細看看我們身邊的年輕人,他們談判的時候,總是很謙虛——我對工資沒要求,能養活自己就好!這真是虧了自己啊!

《優勢談判》裏有個很有趣的故事:

有一名曾學習優勢談判課程的學員,他是一個律師,需要買一套房子。一開始一切都很順利,可是他想要試試這個方法是否有效,所以向賣方提出了 23 個條件,某些條件更顯得十分荒唐,在市面上幾乎不存在這樣的條件。其實他自己心裏也知道對方只要看一眼就會

拒絕至少一半的要求。但令他大吃一驚的是，對方只反對了其中一條。這位律師依然扮演不情願的買家，堅持了好幾天，到最後才不情願地答應了。雖然他只放棄了 23 個條件中的一個，可是賣方還是覺得自己贏得了談判的勝利。這種案例比比皆是，談判的勝利並不是真正的勝利，而是你以為自己獲得了勝利。

4. 後面還有個重要人物

在公司裏，我算是比較能言善辯的，很多談判都是我親自去談。記得在一次談判時，我忽然表現得十分吃力，原因是我們都快談妥了，對方突然說出這麼一句話：「我做不了主，我要問一下我的老闆。」這句話把我搞矇了，我有些生氣，心想你做不了主還跟我談這麼半天。結果那次溝通，我們只表達了自己的意願，他就說他要出去接個電話，最後我們雖然合作了，但並沒有按照我們的價格，而是按照他「老闆」的價格。我後來才知道，他根本沒甚麼老闆，這只是一個談判的技巧 —— 我的後面還有一個重要的人物。

所以，如果你在談判時對方突然告訴你，他其實沒有決定權，需要回去請示一下上級才能答覆。這該怎麼辦？請記住，對方很可能是有意這樣做的，刻意營造一個模糊的、更高的權威。

因為對手一旦發現你有最終決定權的時候，他就會意識到只要說服你就可以了，你就變得不太有退路。還記得嗎？談判時不要讓人知道你太多底細。最好的方式

是，一開始你也要告訴他：「我的權力有限，但在我有限的權力內，我會做到給你最好的。」所以，當遇到僵局時，你可以先去「請示」一下上級，用這樣的方式給對方造成談判的壓力。關鍵是這個上級得是「模糊的」。

如果對方說：「那讓我和你的上級談吧！」你也不可能真的把上級拉過來。你要塑造的是一個模糊的上級，如說公司的投資者、董事會、委員會、合夥人，或某個部門，你可以告訴對方，在你做出最終決策之前，你必須先請示投資者，或聽取技術部門的建議。

這是我在生活中談判的經驗，因為很多人都會犯錯誤，尤其是剛入職場，剛成為上司的年輕人，他們會和當時的我一樣，沉浸在一種大權在握的良好感覺中，喜歡自己拍板，這在談判中是非常不利的。現實生活中你可以拍板，但談判桌上，永遠應該有個老大哥在背後。就連總統在談判中也會和對方說，我要諮詢一下談判顧問和議員們的建議。

所以，就算你是最終拍板的那個人，也要塑造一個模糊的、更高的權威。

如果對方和你都用這個策略，該怎麼辦？我的建議是，你一開始就要防止對方用這個策略，可以先去激起對方的權力意識，你可以微笑着問對方：「他們通常都聽從你的建議是嗎？」

如果對方是一個權力意識很強的人，就會很驕傲地告訴你：「我說了就算，我不需要別人的批准。」，這句話一說，對方已輸了。在開始談判時，你也可以多次

強調：「這事就是你負責吧？我時間太緊了，我們盡快啊！」如果這都不管用，對方還是一定要請示上級，那你就要以其人之道還治其人之身，你也去請示自己的上級，對方至少會明白你懂這一招，會及時停止使用這個把戲。

5. 把問題擱置一會

在談判中場，還會遇到一些挑戰，如出現僵局該怎麼辦？

如你看過電影《中國合伙人》就知道，三個主人翁飛到美國，在談判中雙方遇到了僵局，兩邊甚至有些劍拔弩張。可是，他們並沒有迎難而上，而是先休息一會再繼續進入談判。

僵局就是雙方產生了巨大的分歧，如果你們還願意繼續談下去，這個時候可以把遇到的問題先放下，暫時擱置一會兒，先從其他問題入手，或直接休息 10 分鐘。這樣你和你的團隊就可以有機會在其他方面找到新的突破點，不要把談判的焦點都集中在一個問題上。

如果不是僵局，談判進入了死胡同，也就是雙方都認為已經沒有必要談下去了，那應該怎麼辦呢？《優勢談判》這本書裏說，解決這種問題的唯一辦法就是引入第三方，讓第三方來協調。不要把引入第三方看成一種無能的表現，第三方的意義就是化解矛盾，第三方的身份能夠更好地促使雙方達成解決方案，但這個第三方一定要以一個「中立者」的形象出現。

6. 重複對方的話

打破僵局還有一個小技巧 —— 重複對方的話，能讓對方提高對你的好感。因為每個人都喜歡自己，也喜歡自己的語言體系。

如一名綁匪在談判的過程中說了一句：「我也不想這樣做，但是我沒辦法。」。這時候如果問他：「我知道你自己也不想這樣，能說說你有甚麼苦衷嗎？」綁匪可能立即發現這是套取他的訊息，覺得自己不該繼續說下去；但假如重複他說的「你沒有辦法？」這時候，綁匪就會掉以輕心。

心理學家里卡德・懷斯曼（Richard Wiseman）進行了一項研究，他通過對服務員的觀察，找到了讓陌生人建立有效溝通的方法 —— 一種是重複；另一種是積極肯定。他找來一群服務員，利用「積極肯定」的方法，用「非常好」、「沒問題」、「當然」等語言，向客人傳遞讚揚和鼓勵。又找來另一群服務員，只讓他們簡單地重複客人的要求。結果他發現，使用「重複」方法的服務員，比使用「積極肯定」方法的服務員多得 70% 的小費。

7. 「掀桌策略」

「掀桌策略」這個詞我是從《談判的藝術》裏讀到的。

其實說起「掀桌策略」，有一個場景你一定不陌生，那就是議價，每次在商場中和售貨員討價還價，都是一

個小小的談判過程，場景雖小，但雙方也會多番使用各種談判技巧。

> 「$100 可以嗎？」
>
> 「不行，$150。」
>
> 「$110？」
>
> 「$130。這是我的底線了。」
>
> 「$110，就這樣吧，我也沒那麼多錢了。」
>
> 「不行，真的不行，成本價都不夠。」
>
> 「嗯，那算了（轉身要走）。」
>
> 「別別，行吧，跳樓價給你！」

這就是著名的「掀桌策略」，掀翻談判桌，假裝不買了，這也是十分考驗演技的一種策略。在你轉身的十幾秒裏，售貨員會判斷你是否真的要放棄，還要判斷你給出的報價到底值不值得繼續交易，如果她叫住了你，那麼恭喜你，你的演技不錯，你會如願低價買到心儀的商品；但如果她看出你的偽裝，或者你的報價確實在她接受範圍之外，那你可就尷尬了，這個時候你要麼重回談判現場，完全被對方牽着鼻子走，要麼不得不放棄你原本很想買的東西。

8. 結束時恭喜對方

最後，在結束談判時，記得恭喜對方贏得了這場談判。無論你覺得對手表現得多麼差勁，都要恭喜他，告訴他：「你太厲害了，你贏了，你太會談判了，我從你身上學到了很多。」

如何建立有效人脈？

1. 建立自身的價值和提升自身的價值；

2. 放大自己的可交換系數。

如何有效談判？

1. 避免人和事混為一談；

2. 扮演一個不情願的買家或賣家；

3. 不要直接提出自己的條件；

4. 後面還有個重要人物；

5. 把問題擱置一會；

6. 重複對方的話；

7. 「掀桌策略」；

8. 結束時恭喜對方。

PART 4

成為生活中的溝通高手

和高手說話的時候很舒服，
我們不會遇到一個人滔滔不絕、
另一個人啞口無言，
或者兩個人都無話可說的尷尬無比的局面。
這是因為溝通高手或多或少都遵循一個法則──
換位思考。
你說一句，我也能接一句。

15 聰明人的溝通方法

　　和聰明人溝通是一件極具挑戰，且能提高自己的事情。如果讓我選擇，我會更願意多和聰明人溝通，這樣才會變成聰明的人。可是，我們沒有條件每天和聰明人溝通，就算有了微信（Wechat），也不保證每天對方都有時間交談；所以最好的方法就是讀書，書本能打破時間和空間的間隔，在書裏你總能和聰明人有交鋒。

　　有一次，一位朋友請客吃飯，我們一群人坐在餐桌等了半小時還沒上菜；此時我們才知他忘了點菜。這時另一位朋友忽然指着空空的桌子說：「尚龍，這碟花生真好吃！」

　　我們看着空空的桌子，明明甚麼都沒有，此時我已看穿對方的目的，極力配合地說：「就是，好吃好吃，不加辣會更好。」

　　朋友續說：「是的，你不能吃辣，可惜了，這花生味道真好，再來毛豆就更好了。」

　　周圍的人一頭霧水，以為我們搞甚麼行為藝術，我接着說：「這碟紅燒牛肉比平時吃的好啊！」

　　朋友繼續說：「那碟魚更好吃。」

　　請客的朋友有些不好意思，說：「放心，放心，都有。」說完趕緊找服務員點菜。

我們就這樣你一言我一語，在完全不得罪朋友的前提下，把想點的菜點了，還委婉地表達了對請客朋友的抱怨 —— 為甚麼還不點菜。

我曾經說過生活是最厲害的編劇，因為你不用考慮它的合理性。同理，當你和一群特別會說話的人在一起時，就像他們帶着你走路，一不留神，你就走了很遠。

換位思考是交流第一要素

後來我慢慢明白，無論跟甚麼人聊天，對方會說甚麼是不能確定的。但是無論跟誰交談，都有一個不變的準則 —— 學會換位思考，同時接受不同的變化。

我一直在強調換位思考，因為這是交流的第一要素。

比如一個女生說：「這個衣服真好看！」另一個女生微笑後說：「是吧，我上次去歐洲的時候⋯⋯」看起來沒關係，但仔細研究，你會發現以上的例子都有一個隱形的語言 —— 微笑。除了語言，還有一種更重要的溝通，叫心語，如微笑、表情、肢體語言，這些都是心語的一種。

人類無論掌握了多少種語言，都有許多共性的言語。

卡洛琳・塔格特（Caroline Taggart）在《所謂會說話，就是會換位思考》中講過一個故事：一位朋友曾經遇到一位相親對象，因為是第一次見面，兩個人尷尬到恨不得鑽進泥土裏，為了打破局面，這位朋友主動開始互動。英國人聊天喜歡問：「你來自哪裏？」結果不問

則已，一問之下，對方瞬間感覺自己像接受審訊一樣，草草說了地名，然後就沉默了。這位朋友不能繼續問更深入的話題，因為在英國住在哪個街區是隱私，只好問了一句：「你是學甚麼專業的？」對方只回答了簡單的幾個字，兩個人再次沉默。這種尷尬，令人無比痛苦。

問題來了，是誰不會說話呢？

在剛遇到異性時，寒暄閒聊並不是浪費時間與精力，而是一個了解對方訊息的契機，當被人詢問時，我們只需要在答案後跟上三個字：「那你呢？」聊天就能繼續了。

你會發現，和高手講話的時候很舒服，我們不會遇到一個人滔滔不絕、另一個人啞口無言，或者兩個人都無話可說的尷尬無比的局面。這僅僅是因為，<u>溝通高手或多或少都遵循一個法則 —— 換位思考</u>。你說一句，我也能接一句。

甚麼是換位思考？<u>換位思考就是仔細考慮對方需要甚麼，努力為對方着想，讓對方感到舒服、有趣</u>。

每個人在說話的時候，都是有語言痕跡的，這就是每一句話流露出的額外訊息。<u>一個人在學會說話之前，首先要學會的是傾聽</u>，如英國人聊天最喜歡提到下雨，因為英國是個多雨的國家；但如果有人說：「下雨其實對花園裏植物的生長有好處。」那你可以問問他是不是對園藝、植物感興趣，他很有可能會給你肯定的回答，否則他就不會好端端地把下雨和植物聯繫起來。

如果有的說：「下雨真討厭，連工作都幹得沒勁。」

你聽出的是工作方面的抱怨和牢騷，這時候你就應適當地表示同情和理解，也可以跟他聊聊工作的痛苦、老闆的不好。聆聽別人說的話，然後把話題引申開來，你可能會獲得更多的訊息。

《福爾摩斯探案全集》裏，福爾摩斯只看了華生幾眼，能斷定他從阿富汗回來；雖然你可能沒有這樣的洞察力，但你一定能從別人的話語裏聽出點甚麼，因為一個人講話講到最後，都是在自我敘述。所以當你發現和別人已經沒話說了，千萬別着急，讓我來為你分享三招很實用的辦法。

1. 從外表入手

如兩個人實在沒有話聊，可以從外表入手，例如着裝、手袋、鞋子、首飾、手錶、髮型、身材、化妝、表情⋯⋯ 從這些細節入手，都是比較好的聊天方式。當然，你要誇這些外在的東西，不要批評別人。

還可以聊聊家鄉地域，如你家在哪兒？日本，真的啊？日本的小吃可好吃⋯⋯ 當然，這需要你有一些地理知識，千萬別說：「我去過泰姬陵，是我在泰國最喜歡的地方⋯⋯」事實上，泰姬陵在印度。

2. 選擇開放式的話題

開放式話題的反面就是封閉式話題，所謂封閉式的話題，就是大家往往只能二選一，如你去過美國嗎？你喜歡英語嗎？你喜歡打籃球嗎？這些封閉式話題也有自己的優勢，如希望對方做選擇時，可以讓對方不得不去

做一個選擇。但如果你希望對方多說兩句，或你們想多聊一些更深刻的話題，開放式的話題就顯得尤為重要。同樣是寒暄，你用「今天天氣真好，不是嗎？」得到的回答只會是或不是。但如果你換一種方式，「今天天氣真不錯，真希望過幾天比賽時也能有這麼好的天氣。」對方在回答時話題可能會引申到足球、運動，甚至個人愛好的領域，這樣你們就能有更多的話題溝通下去。

總之，開放式話題是平時溝通的法寶，如果你是一位老師，上課時也盡量給學生開放式的問題，這樣可以讓他們多多思考。

3. 準備一些萬能的問題模板

在空閒時喜歡做甚麼？最近讀了甚麼書？最近聽了甚麼有趣的事或笑話？假期去哪裏比較好玩？看了哪部好看的電影……談話的時候，這些問題可以把談話的重點轉移到對方身上，鼓勵對方談論自身的情況和熱衷的事情，當每個人在談自己的時候，總能有說不完的話。對方會覺得和你聊天很開心，也就會很自然地產生一種「這個人真有趣」的感覺。其實許多聊天的本質都是自我的投射。

我想起有一對夫妻，結婚很多年了，一直很幸福。我曾問男士：「為甚麼那麼喜歡她？為甚麼最後和你結婚的是她而不是別人？」因為這位男士當時真的很受歡迎。他說：「因為我跟她聊得來。」

　　很久之後，我問他太太同樣的話。他太太說：「甚麼聊得來啊？剛見面的時候，都是他一個人說話，而我只是問問題，然後負責點頭而已。」

　　我不知道她是不是也用了這招，準備了很多萬能問題作為模板開頭，但我知道這樣的方法，真的可以提高對方對你的好感；同時，還可以打開對方的話匣子。我用過很多次這個辦法，好的提問能讓彼此的溝通事半功倍。

　　我們在分享方法時，也希望大家多使用。我們不能指望光閱讀就能提高自己的溝通能力，還要實踐、操作、使用。

16 學會 有效提問

好的對話，首先應該學會提問。<u>只有學會提問，才能讓對方有機會和你平等交流。</u>

中國傳媒大學播音主持系最重要的課程是採訪課，所謂採訪是如何合理地提問，讓對方舒服地回答問題。因為只要有合理的提問，就能和別人持久溝通，這至少不會讓人尷尬，讓對話冷場。可有人說，問問題還用教嗎？不是張嘴就來嗎？這是個好問題。你看，這樣我就能接下你的話了。

我們不妨反思一下，你真的會提問嗎？想想我們上學的時候，同樣是問老師問題，有些同學先想明白了問題再問老師，老師就可以直接作答：但是有些同學是先講自己的事情，甚至講到最後都忘記了問題是甚麼，老師聽得一頭霧水，愛莫能助。

一個好問題能讓複雜的事情變簡單，一個壞問題會讓簡單的事情變複雜，這其中有非常微妙的差別。

想清楚自己的問題 ⁇

提問的人首先要學會的第一點，就是把自己的疑問匯集成一個核心。一個核心結束後，再匯集到另一個核心，切記不能多角度分散。如問題沒有一個核心，問題

太散的話，很多問題都沒有深入探討，這當然不可能，於是麻煩就來了。

從自己的角度提問

從自己的角度出發提出問題，更親切。

商業戰略專家安德魯・索貝爾（Andrew Sobel）和另一位作者合著的一本書《提問的藝術：為甚麼你該這樣問》應該可以給我們更好的答案。兩位作者曾經走訪好幾百位成功人士，其中包括彼得・德魯克（Peter F. Drucker）這位管理學之父，兩位作者發現好的問題遠比問題的答案更有力量。

好的問題通常具備以下兩點：第一，集中；第二，從我出發。

我們看喬布斯（Steve Jobs）怎麼提問：

> 有一天，喬布斯去了某工程師的辦公室，那裏有一台即將問世的新型電腦。喬布斯讓工程師開機，結果開機的過程花了好幾分鐘時間。
>
> 喬布斯和工程師說：「可不可以讓啟動再快一點？」（集中）。
>
> 工程師一看，趕緊加班加點，忙活了好幾天，把開機速度提高了一些，於是特別興奮地給喬布斯展示。

喬布斯看完開機，又發問了，這個發問依然只有一句話：「這是你能做到的最好了嗎？」（集中於速度）。

　　工程師在接收到問題後，只得繼續沒日沒夜地改進，終於又把開機速度提高了幾秒。

　　可是沒想到，喬布斯又跟他說：「我敢打賭，將來會有 500 萬人每天至少打開一次電腦。所以，如果能把開機速度再提高 10 秒，乘以 500 萬用戶，那就是每天 5,000 萬秒，一年加起來就是 12 個人的一生。可以說，如果你將開機速度提高 10 秒，就是拯救了 12 條生命。」其實仔細聽，我們還能聽出個問題 —— 這是你能做到的最好的了嗎？（依舊集中、從「我」的角度開始）。最後工程師真就把開機速度提高了 10 秒。

""

　　我發現每次活動，大家問問題的前奏都很長，很多問題也都沒有問到點子上。真正的有效溝通，前提一定是能提出一個好問題，可是我平時很少能看到這樣的有效提問。

　　有一天，我決定在問答環節做一些改變，在活動開始前我對大家說：「一會兒我們有個互動環節，希望大家可以把問題寫在手機或字條上，然後站起來提問。」果然，那一次互動環節，讀者的問題質量提高了很多。

因為很多人在寫問題的時候，也會多次反問自己，這個問題我是不是已經知道答案？我是否能提一些有深度的問題，我能不能再深一步？有了這樣的過程，你就會發現，許多問題變得有效了很多。在整個過程中，他們其實做的只有一件事——集中自己的問題。

而集中問題需要反問自己，自己提出這個問題的核心是甚麼？所以可以避免非常散亂，沒有核心內容。

當遇到一個你完全不認識的人，但你又必須問他問題時，最好的方式應該是一點一點來，循序漸進，慢慢突破他的心理防線。

《提問的藝術》這本書歸納了以下三種提問方法：

第一種是封閉式提問。你可以進行二選一或多選一的設定，讓人先慢慢進入佳境，這個時候，你的問題比重可能會多些，對方的回答或許會少一點。你甚至可以問一些別人都會想到的、最基本的問題，這些問題可以關於他自己，目的是先把場子熱起來。切記，不要兜圈子，更不要分散自己的觀點。

等他開始打開自己的話匣子，再進行第二種提問——開放式提問。開放式提問就是我們沒有固定答案，你可放心大膽地表現自己的觀點。當彼此的話匣子被打開，確認雙方都沒有惡意時，場子也就熱了起來。

亨利・大衛・梭羅（Henry David Thoreau）獨自住在波士頓附近的瓦爾登湖畔時寫了一本書叫《湖濱散記》，除此之外，他還特別愛寫日記，有天他在日記裏寫了：「今天，我得到的最大恭維就是有人問我，我是

怎麼想的，並真誠地聆聽了我的答案。」甚麼是「我是怎麼想的」？這就是開放式提問，請記住許多開放式提問，往往是在封閉式提問的基礎之後，才有了後面的滔滔不絕。

還有一種提問方法特別適合提問成功人士：「你是怎麼開始的？」這不僅是一個開放式的問題，還是一個關於他自己的問題。

以此類推，你也可以這樣發問：「你們是怎麼在一起的？」、「你小時候怎麼讀書的？」、「你跟誰學結他？」、「你英語怎麼學得那麼好啊？」兩個人關係近了，場子熱了，就可以把問題拓寬，等問題的寬度足夠了，接下來可以試着往深裏挖了。

追問的技巧

追問是提問者和作答者最激烈的思維交鋒。說實話，追問有時候很容易得罪人，這一定要明確兩個人的關係才可以，我往往只有在多喝酒後，才敢和身邊的朋友互相追問，這種對話往往直指人性和問題真相，如我曾經跟一位作家朋友聊寫作的初衷，聊到最後我們竟然發現，每個人無論多麼有情懷，都跟錢有着或多或少的聯繫。

《提問的藝術》這本書裏講了一個故事：

有一次，一個跨國企業發現自己的銷售出現了問題，覺得需要進行改進性的培訓，找到本書的作者，托他辦個培訓班。

作者沒有一上來就答應，而是問了銷售部主管五個問題，因為是對方相求，感情上已經很近，所以，可以直接進入追問狀態。

第一個問題：「為甚麼你們在全球銷售市場都成為領先者了，還需要銷售培訓呢？」

對方答：「因為需要不斷提高銷售人員的能力。」

他接着問了第二個問題：「為甚麼需要提高銷售人員的能力呢？」

對方又說：「這樣銷售人員在開發新客戶方面會更有效率。」

第三個問題：「為甚麼需要增加新客戶的開發呢？」

對方說：「因為現在的客戶不足以支撐公司的增長目標。」

第四個問題：「為甚麼不能讓客戶增長得更快呢？」

對方說：「我們每年都有 20% 的客戶流失。」

第五個問題：「為甚麼客戶會流失？」

最終，公司的銷售人員給了答案，他們的產品質量和物流有問題，所以客戶不滿意導致客戶流失。

就這樣，五個問題追問下來，發現沒有做銷售培訓的必要了，解決產品質量和物流漏洞才是關鍵。這就是追問的效果，它會幫助我們找到問題的核心所在。

但我有一個建議，盡量不要追問人性的問題，如你非要問一對夫妻彼此到底愛不愛對方，你非要問兩個朋友憑他們的關係可以借對方多少錢……人性的追問是很可怕的，追着追着，總容易發現人性中更多的漏洞。

這是一種思維模式，當遇到一個問題時，不要着急下結論，而是多追問幾次，但請記住打破砂鍋問到底沒問題，前提是──兩個人的關係不被毀壞。

如不確定彼此關係的穩定性，還不如不問，尷尬總比兩個人關係破裂好。

在兩個人完全不熟的狀態下，一上來就直接問開放式提問，在對方已經表現反感甚至沒回答時，還緊接着追問，一次又一次進入對方的禁地，這都是提問的大忌。

前文我們討論過提問的藝術，接下來我們聊聊回答的方法。

我在史蒂芬·平克（Steven Pinker）的《當下啟蒙》中讀到一句話：這個世界只有愚蠢的回答，沒有愚蠢的問題。我非常同意，換句話說，一個人無論把問題問得多麼冗長、多麼無聊，你作為回答者都有責任把答案答好。這個世界有很多回答問題的高手，具備這個特點——無論你問甚麼，他們都能精彩地回答，儘管這個問題很糟糕。

流利回答的重要性

2009 年，我第一次參加英語演講比賽，比賽分為兩個部分——已備演講和問答。在我講完已備演講後，評委開始對我提出問題。這次比賽問題部分的回答佔總分 70%。在此之前，我因為緊張，不爭氣地在已備演講時忘詞了，當然分數不高，所以我把所有的賭注都放在問答部分。問答部分我被問了兩個問題，因為第一場已經完蛋了，所以第二場反而很輕鬆，很快就結束了。比賽結束後我搖了搖頭，心想，這回沒機會了，因為我感覺這次脫口而出的語法錯誤更多，單詞用得更不準確；

於是我心灰意冷地回到學校，等待第二天最後的分數。第二天我接到了電話，組委會說恭喜我進入半決賽。後來我問了我的排名，他們說挺靠前，因為我的問答部分做得特別好。我說我能看看評委給我的評價嗎？評委只說了兩個字——流利。

後來我用同樣的方法，半決賽時拿到了第一名。當然，半決賽時因為稿子背了一百遍，沒有忘詞，發揮得比較好了。

一年後，我給學生們培訓時，他們問我是怎麼做到犯了錯還能進半決賽。我的回答很簡單——無論你多緊張、犯了多少錯誤，切記不要停下來，流利是最重要的。

這是回答問題的第一步，你一定要保證流利，因為流利代表着自信。要記住，就算對方的問題是在刁難你，你也一定要做到不被對方帶着走，控制感最重要。這是你的場，別讓別人囂張。

我在傑瑞·魏斯曼（Jerry Weissman）的《魏斯曼演講聖經2：答的藝術》裏找到了類似的觀點——回答問題最重要的，不是對錯，而是對問題的掌控感，這點十分關鍵。

請記住，在演講的時候，你回答問題的目的不是給出正確答案，也不是故意給出錯誤的答案，而是通過對棘手問題的解答，傳遞給觀眾一種訊息——我很有自信，場子是我的。就算這問題再難，我也有應對逆境、保持方向和控制局面的能力，演講台上其實很少能傳遞甚麼訊息和價值，訊息、價值都是在課堂上傳遞的，演

講台能夠展現的往往只是個人魅力，沒有人喜歡一個會被問倒的偶像。

傑瑞・魏斯曼先生說，如果要用一個詞概括問答的目的，這個詞就是「控制」，所以你的自信很重要，回答的內容排第二。

關於回答的內容我們需要注意甚麼？請記住，你的答案必須是誠實的、坦率的，那怕迴避問題，也不要說假話，否則一切技巧等於零，誠實很重要。

在回答問題的過程中要注意以下情況：

1. 控制提問現場

你需要控制時間，雖然你不能控制問題的長短，但你可以控制問題的數量，必要時需要你在心裏默數 —— 還有最後三個問題、還剩兩個、最後一個。如果現場有圖表，那就太好了。我會經常在演講前跟主持人溝通好，提問部分控制時間，以及如果對方的問題問得太長，應該怎樣友善地打斷對方的敘述。

2. 攤開手掌邀請提問者

在你回答前，會有很多人舉手，請在任何情況下攤開手掌邀請提問者，不要用手指的姿勢。手指指着別人是對人不尊重的表現，攤開手掌是在表明你尊重、坦誠的態度。如果你認識在場裏的每個人，那就用名字稱呼他們。如果你不是全部人也認出，就都不用名字稱呼，因如果你叫出幾個人的名字，卻叫不出其他人的名字，容易讓人們覺得你對這幾個人有所偏愛，甚至會覺得自

己像外人一樣。其實，我們不容易記住每個人的名字，所以我們經常這麼說：「請那位黃色衣服的女孩子」、「請那位長頭髮的男生。」描述特徵也是很好的方式，但記住別打擊別人，如那個滿臉暗瘡的女生；那個個子矮的男生……

3. 認真和耐心的表情

在提問中，我們經常會碰到囉唆冗長的問題，事實上，大部分的問題又長又囉唆。因為聽眾聽完演講後，剛剛吸收了大量訊息，正在思考你的想法，有很多想要輸出的內容。而且，提問者拿到咪高峰，突然之間成了其餘聽眾關注的焦點，他自然感到緊張，所以說的話難免結結巴巴、雜亂無章，有時甚至不是提問題。這個時候，你一定要認真、有耐心，千萬不要流露出「好無聊」的表情，如看手錶、東張西望，這會造成毀滅性的後果；其他人和提問者在捕捉你是否認真聆聽方面，可是非常敏銳。你的任何不耐煩的舉動都會被發現，然後影響聽眾對你的判斷。很多時候，我們就這樣失去了一個支持者。

1991 年，克林頓（Bill Clinton）當時還是美國阿肯色州的州長，他正在跟當時的美國總統老布殊（George Herbert Walker Bush）進行第二輪總統辯論。到了提問環節，一位 26 歲的黑人女性站起來問：「國債對你們的個人生活產生了甚麼影響嗎？」她在問這個問題之前很多話語都是自我敘述，在她敘述時，老布殊不知道怎

麼顯得很沒耐心，還看了看手錶。

接下來災難來了，這位黑人女性在他看手錶時接着問：「如果沒有的話，那你們就不曾體驗過勞苦大眾的生活，你們怎麼能公平地為普通百姓找出經濟問題的解決之道呢？」

老布殊總統開始回答，他說：「好吧，我認為國債問題對每個人都有影響……」他還沒說完，提問者提醒他說：「我是問對您個人的影響。」很顯然，提問者問的是「個人的影響」，老布殊卻說的是「對每個人都有影響」，因為他根本沒有仔細聽對方的提問。但是即使被提醒，他還是試圖回到自己的思路上，他接着說：「國債跟利率很有關聯……」這時提問者的聲音再次響起來，她咄咄逼人地問：「我問的是對您的影響。」

這是她第二次重複問題了，人在第二次重複自己的話語時，往往帶着情緒。可是，老布殊不知道怎麼了，依然沒有領會，繼續答非所問，他說：「我希望我的孫子們有能力負擔教育……」

這回老布殊糟糕的回答讓提問者徹底絕望了，也給電視機前幾百萬聽眾留下了非常不好的印象，他們覺得老布殊理解能力有問題，對經濟一竅不通，最重要的是，他竟然不聽底層人民的聲音。

在辯論後，記者採訪這位提問者，她很沮喪地說：「總統根本沒有回答我的問題，這讓我有點不舒服。」

傾聽非常重要，老布殊總統回答結束後，沮喪地坐回到椅子上。這個時候克林頓不失時機地站了起來，直

走到剛才的提問者面前，真誠地說：「請再給大家講講，國債帶給你的影響吧！」提問者沒有料到克林頓對自己的問題這麼感興趣，她覺得自己被尊重了，覺得自己被傾聽了，於是她一時失語，愣在那裏。

這時，克林頓體貼地為她找回思路，他接着問：「你剛才說你認識失去工作和房子的人？」提問者表示同意，接着，克林頓開始滔滔不絕地闡述自己的觀點。

魏斯曼在書裏說：「在這關鍵一刻，克林頓與老布殊給了我們截然相反的兩個示範，一個擅長認真地傾聽，另一個在別人提問時低頭看手錶，又完全不能理解對方的問題，導致答非所問。」民調顯示，這次事件後，老布殊在民意測驗中票數一路下滑，克林頓的支持率開始上升。

我們可能不會像政客那樣，但我們每個人在問答的過程中，都需要注意傾聽，好的說話者，一定是個好的傾聽者。

4. 友善地重複一遍

如果沒聽明白對方的問題，可以友善地重複一遍對方的問題或自己對這個問題的理解。

「你的意思是……」、「你是想問……」、「我猜你大概……」。

回答問題的人和聽眾之間存在着一條紅線，只要你沒有完全理解對方的問題，就不要跨過這條線，不要回答、不要打斷、不要猜測，因為只要你跨過了，就要跨

到他那邊，不要一腳跨到了其他領土，還看着對方。

你要把主動權交給對方，其實，不會有人因為你沒聽懂他的問題而生氣，但他可能會因為你的答非所問而不滿意。另外，就算你沒聽懂，也不要用那種「甚麼破問題」的語調和眼神投射到台下。如果實在想作為幽默進行調侃，我的建議是：找男生，別找女生。因為男生往往臉皮比較厚。

5. 釋義挑釁問題

在回答問題的時候，往往會遇到具有挑戰性甚至帶有挑釁意味的問題。

在聽到一個挑戰性問題的時候，不要回答，也不要重複；相反，你要釋義。

有次在我的簽名現場，一個男生拿着咪高峰說：「你為甚麼要寫《遠離「窮」人》這篇文章？」我知道他肯定是來者不善，我的回答是這樣的。

「請問有多少朋友讀過我那篇文章？」很多人舉了手，我繼續說，「那你們記得這篇文章的主題是甚麼嗎？」許多人點頭，說：「遠離思維上的窮人。」接着我把這篇文章從頭到尾講解完，並說明這篇文章是如何從遠離「思維上的窮人」被媒體改成了遠離「窮」人。後來那個男生對我說：「我沒有惡意，我就是想問問你是怎麼想的，謝謝你解釋清楚了。」

被誤解是表達者的宿命，你說得愈多，愈容易被誤解。所以，在問答過程中進行釋義很重要。<u>甚麼是釋</u>

義？就是你一定要有自己的解釋，要給人解釋的機會，也要給自己解釋的機會。

你用不着針對提問者潛在的敵意，要去闡述他關心的核心問題。在問答的過程中，不要把回答變成辯論。我知道真理可能是愈辯愈明，但一定是私下的爭論。公開的爭論更多時候僅僅是為了引人注目，並不是衝着真理。

其實，爭論意味着失去控制 —— 設想一下誰會對一個不會控制自己的人產生信任呢？不管面對甚麼樣的問題，請記住我們絕不能還以憤怒；相反，我們要堅定、鎮靜，這才是最明智的態度。有時候你生氣、憤怒、着急，甚麼都沒了。

6. 結束時，需要一個強而有力的結尾

關於強而有力的結尾，請參考後面章節中講到的「峰終定律」。我們沒事的時候，可以設計幾個萬能的結尾，如：「世界會更好的。」、「你們會越來越好的。」、「盡人事，聽天命。」、「你必須十分努力，才會看起來毫不費力。」

待這些模板都用煩了，就會明白真正的模板，其實是自己的才華。而自己的才華，都在每一場問答中得到了昇華。願你就是這樣的人。

18 用幽默化解你的煩惱

我們都喜歡幽默的人，也想成為幽默的人，但大多數人對自己的評價是這樣 —— 我天生就不是一個幽默的人。

其實，就算是很多看起來反應很快，台上十分幽默的人，私下也是很內向的，天生也不懂甚麼是幽默。許多「棟篤笑」表演者都不是天生搞笑的人。因為幽默的技巧需要練習，完全可以通過後天訓練具備這個技能。

每一個在台上幽默自如的人，其實都符合經典的 5P 原則。

所謂 5P 原則，就是「恰當的計劃能避免糟糕的表現」（Proper Planning Prevents Poor Performance）。不要羨慕那些在台上遊刃有餘的人，他們無非是下了苦功夫，這跟演講一樣，所有「棟篤笑」演員都曾經一次又一次地在家寫稿子，然後背誦下來。

接下來我主要分享一些實用的方法。我想再次強調，幽默是每個人都可擁有的特點，不要把它當成多難的事情。幽默是一種手段，它背後要表達的思想和價值觀才是關鍵。

幽默的背後是洞察，洞察能讓你表達獨特的思想，所以一個善於洞察的人，一定是一個有趣的人。從不同角度來洞察這個世界，除了幽默，你還能看到更有趣的東西。

幽默能拉近彼此的距離

心理學家馬克‧阿爾法諾（Mark Alfano）指出：「人們很喜歡幽默感，是因為只有幽默感能在短時間內迅速判斷雙方的契合度。」幽默的第一個作用，就是能迅速打破冰點，讓彼此熟悉。

我在每次上課的時候，面對一群新學生，做的第一件事就是先講個笑話，哪怕不怎麼好笑，我也盡力講一個。

幽默能拉近人和人的距離。有次我見到一位陌生人，他說他看過我的書，但我不認識他，於是我說：「謝謝你啊！要不是你，我的書都賣不出去。」這樣，我們的關係一下子就近了。

觀察一個人的幽默邊界，其實是全面測試對方是否和你擁有相同價值觀的方法，你眼裏「開不了玩笑」或「笑點很奇怪」的人，通常也是和你價值觀不合、吸引不了你的人。

幽默的作用很多，它可以打破僵局，可以打破尷尬，甚至可以打破恐懼。好的幽默，能讓人的心情變得更好，有時候，你甚至不需要講甚麼，你就在那裏笑，也會讓人感受到有趣，

因為笑是會傳染的。

幽默方程式

幽默 ＝ 悲劇 × 時間。

仔細觀察身邊的幽默，其本質都是悲劇，如《喜劇之王》是一個想當演員的臨時演員被拒絕的悲劇；《夏洛特煩惱》是一個鬱鬱不得志的中年人希望穿越回去重新過一遍人生的悲劇；《摩登時代》是差利・卓別靈（Charlie Chaplin）演的小人物在工作、發瘋進入精神病院的悲劇。

有人問一個「棟篤笑」演員：「你們是不是經常把生活中發生的倒霉事當笑話啊？」他回答：「現在還不是，以後就是了。」喜劇就是遠遠地看着悲劇，悲劇就是把喜劇揉碎了來看。

對我們每個人來說，慘事、倒霉事得經過時間發酵，你才能用一種抽離的、戲謔的、自嘲的眼光來看待它，它才有可能成為笑料。不要開那些傷痛者的玩笑，他們只有悲劇，但還沒有經歷療癒的時間。所以人到中年，一群人聊天的時候，總會聊到自己的前女友和前男友，一聊都是笑話；但如果你才 20 多歲，剛分了手，這時恐怕就開不起這樣的玩笑了。

一個敢於開玩笑的人，往往要麼是一個傷痛已過的人，要麼是一個堅強的人。但對很多民族的傷痛，最好不要開玩笑，因為時間還沒有完全擦乾每個人的眼淚。

如何鋪排笑點？ 〞

我們經常說的笑點，其實就源自一個公式：笑點 = 鋪墊（前期準備工作）+ 迸發笑話。

迸發笑話，並不是說突然把笑料拋出來，這樣並不會好笑，而是要突然戳中聽眾的笑點，想要達到這個效果，需要你擊碎有意構建起來的興趣和期待。這樣，得先讓觀眾產生興趣和期待，方法就是鋪墊（前期準備工作）。

鋪墊不好笑，但鋪墊可以把人們的思路引向一邊，然後忽然把笑話迸出來，摔在地上。

幽默有一個特點 —— 意外感。當我們把意外感丟失，笑料也就沒了，所以講幽默課的老師，往往並不能讓這門課好笑，是因為在拆解笑話的時候，失去了意外感。

我從大衛・尼希爾的著作《如何成為講話有趣的人》裏看到了一個案例：金佰利克拉克公司（Kimberly-Clark Corporation）前總裁達爾文・史密斯（Darwin E. Smith）給公司的員工做一個演講。

他的第一句話是這樣的：「好，我們現在起立默哀。」所有台下的人都非常疑惑，為甚麼要默哀？但看着很多人都起立，自己也站了起來。

默哀了幾分鐘後，史密斯用沉痛的語氣說：「剛才我們是在為 ×× 公司默哀。」

台下的人都笑了，因為 ×× 公司是世界知名的日用消費品公司，也是金佰利公司的競爭對手。

我們拆解這個笑話，發現默哀就是在鋪墊，在這段時間裏，一頭霧水的聽眾一直在好奇，為甚麼要默哀？為誰默哀？

這個過程就像坐過山車，慢慢地開到頂點了，這時候一定要停一下，讓人意識到就要衝刺了。然後，把笑話抖出來，笑聲也就跟着來了。大衛說，製造懸念沒那麼難，在演講中，一般用短暫的停頓就可以做到了。

幽默的尺度

我們看網上很多演員都遇過同樣的問題，他們的笑話可能傷害到別人，如調侃汶川地震、慰安婦。這些是大忌，民族和國家的神聖感，在公眾幽默中一定是禁忌。別說這個，就算調侃一個陌生人，也會遇到他忽然站起來潑你一身水。因此我們可以得知幽默的另一個特點 —— 有些幽默可能會傷害到人。

如果你決定調侃別人，請私下一定跟別人交流一下，問問對方的底線是甚麼？至少對方的家庭、隱私、性取向是要尊重的。

但有一種調侃肯定不會得罪人，那就是調侃自己，也叫自嘲。自嘲，永遠是安全的。你可以調侃自己的缺點，可以調侃自己的不足。

自嘲，是演講者貶低身份讓觀眾獲得自我優越感的一種手段，尤其是習慣性站在台上和人溝通的演講者，自嘲很重要；因為你已經站在台上跟觀眾有距離了，如果還在自我誇獎，很容易造成距離感。觀眾認為演講者能站在台上一定是充滿自信的。因此，當演講者自嘲時，觀眾會頓感意外，然後報以哈哈大笑。這種笑聲通常也基於心理共鳴——原來演講者和我們一樣是個普通人啊，於是親切感、意外感都來了，演講者和觀眾的距離也就被拉近了。

　　要記住，<u>幽默是一種利器，可以緩解現場的緊張氣氛，只有讓觀眾對你產生好感，他們才會接受你要傳遞的訊息</u>。

　　你仔細觀察會發現，只有很自信的人才會自嘲。他們覺得雖然我個子不高，但是我可以去努力賺錢；雖然我窮，但是我相信未來會更好。我們只有敢去調侃自己的缺點，才能真正把缺點放下。

　　很多嚴肅的人，喜歡指責別人不該拿甚麼東西來開玩笑。但仔細觀察就會發現，有幽默感的人，對這類事兒看得就比較寬容。老舍說：「幽默的心態就是一視同仁的好笑心態。」這種心態在人生裏很寶貴。

酒吧測試笑話效果

　　在西方國家，酒吧和咖啡廳一樣，都是社交的場合。所謂酒吧測試，並不一定要在酒吧，其實就是抓住

任何一個公開講話的機會，講一講自己的笑話，看看效果如何。你可以對不同人說，可以是對一群人說、一個人說……

　　和人的互動，是檢測這段話是否幽默的最好方式。如果覺得這段話效果好，就趕緊記錄下來，下次可以再試試。幽默就是你這麼一次一次實踐來的。

設定自己的「場」

　　你有過這樣的經驗嗎？這個笑話，你今天聽怎麼都不覺得好笑，可是第二天你對另外一群人說起時竟然會覺得十分有趣。

　　同樣的笑話，為甚麼能有不同的反應呢？

　　「場」是個神奇的東西，觀眾互相並不認識，但是他們一旦到現場，就像變成了同一個人，要麼一起笑，要麼一起不笑。想要掌控觀眾，你一定要讓觀眾進入你所設定的「場」裏面。準確來說，只要不打破場，怎麼做都可以。

　　表演話劇前，有一個預熱的項目，就是和場下的觀眾互動。這個舉動一直很受歡迎，觀眾會立刻進入幽默的場裏，然後開始同樣一段旅程。表演者使用的方法很簡單，他會跟所有人說：「如果能聽到我，請鼓掌示意。」鼓掌這個統一的動作，就把大家的注意力集中在一點上，他想要的「場」就形成了，這也就是搖滾裏說的「燥起來」。

你一定要在前 30 秒內快速抓住觀眾的注意力，告訴他們你是誰，為甚麼要聽你講，還要設法讓他們喜歡上你。場子暖沒暖好，效果差別很大。

幽默，需要持續進步及成長

「棟篤笑」在外國已經有了很多年歷史，而在中國人的社會也就是這幾年才慢慢被大眾所接受。前些日子我認識了一個全職「棟篤笑」的人，他說有一天他們一群人聚會，Ａ說：「我無業」；Ｂ說：「我也沒找到工作」；他說：「我是全職『棟篤笑』演員。」所有人都看着他說：「明白，也是無業。」

台上一分鐘，台下十年功。除了努力幾個年頭，還有件事更重要 —— 持續地進步和成長。

《如何成為講話有趣的人》一書中說：「一個人想要以『棟篤笑』表演為生至少需要 7 年的勤奮練習，每分鐘的表演都需要在平時投入 22 小時的時間做準備。」

說笑話的幾個基本原則

最後，我總結出關於幽默的幾個基本原則，這幾個原則對男女都適用。

1. 別用力過猛，該嚴肅的時候要嚴肅。不能為了幽默而幽默，你和人聊天還是需要有些正經話的。

2. 不要隨便說帶有性暗示的笑話。這裏多說一句，公開場合還是不建議講「有味笑話」，尤其是女孩子，

在亞洲的文化氛圍裏，有時候會被渣男認為你很隨便。除非十分熟悉，要不然盡量不要這麼做。

　　3. 如果對方理解不了你的笑點，沒關係，幽默感是可以磨合的，多溝通嘗試，或許兩個人就會逐漸笑在一起。

　　4. 如果你實在不是一個幽默的人，也沒必要逼着自己非要幽默，講故事吧！

19 如何做一場高效演講？

　　說到公眾演講，我還是挺有發言權的，畢竟我在20歲時獲得全國性英語演講比賽季軍，工作後也幾乎沒離開講台。其實關於演講，市面上相關的書實在太多，幾乎都強調內容、強調手勢、強調語氣語調、強調多練習，但卻忘記一個最重要的事情——演講的機會才是最重要。

演講機會很重要

　　你就算學會所有技巧，沒有機會，也是白費。

　　我們演講老師總結了許多演講的技巧，大家都有一個共同點——我們有很多演講的機會。不得不否認，演講的機會才是最稀缺的，一個人就算有着馬丁‧路德‧金（Martin Luther King, Jr.）的內容，有着安妮‧夏菲維（Anne Hathaway）的樣貌，如果他沒有機會站在一群人面前，沒有大量的機會在失敗後再重新站在一群人面前，那他也不可能成為一個演講高手。

　　所以，機會是最稀缺，也是最寶貴的，在你學習演講技巧前，請一定要記住——珍惜每次當眾講話的機會。就算沒有，也不用絕望，因為你可以找一些空教室、空場地還有一些空房間，站在台上，想像下面有

很多人在聽你演講，而你要把自己的話講出來，久而久之，你就不會害怕了。不要覺得這個方法不重要，我就是用這個方法練習自己的英語演講，一開始我還覺得有點尷尬，後來習慣了，之後當着人演講也不會緊張，因為我的心裏就在假設台下空無一人。直到今天，就算知道台下有人，也不會緊張了。因為大量的練習，這些流程和方法就會深入骨髓。

訓練是王道，這是誰也沒辦法幫助你的事情。倘若你有機會在公開場合做夠一百次演講，每一次演講結束，都能好好總結經驗、改進、更新，你的演講能力不可能不行。所以如果有一點點機會，請抓住並站在台前。

準備逐字稿

克里斯・安德森（Chris Anderson）是 TED 大會的創辦人，他寫過一本書名為《演講的力量》。書裏說：「一個好的演講需要遵守三個『有』── 有內容、有準備、有亮點。」內容排第一。我們往往不會為了演講而去演講，我們是為了講點甚麼，所以才選取了一對多的方式。在這個以內容為王的時代，你講出的內容，最能決定你是不是一個優秀的演講者。直到今天，我在每次演講的時候，依舊會寫逐字稿，能背下來就背下來，背不下來的話就算我上台唸，也不要讓自己脫離這個稿子。原因很簡單，第一，你寫的逐字稿代表你真的在認真準備；第二，當場發揮的話你很可能一句話沒說對，

被人剪下來放在網上，斷章取義，然後遭受網絡暴力。所以，想要讓自己的內容好至少做到沒有瑕疵，我的建議是寫逐字稿。

我經常跟我的同事們說，上課前一定要寫逐字稿。他們問為甚麼一定要寫逐字稿？我說，你們先別問，可以試試。後來很多老師都感謝了我。

原因很簡單，因為老師在上課時，誰也不知道會發生甚麼，如突然有學生打斷你、你那天忽然不舒服、你的思維忽然短路了，這個時候，逐字稿就代表着你內容的底線，你講得至少不會比這個更糟。每次上課前，我都會自己在家寫逐字稿，每當夜深人靜，我還在打磨某句話該怎麼說，才真切意識到「台上一分鐘，台下十年功」到底是甚麼含義。

要有好的開始，也要有好的結尾

好的內容包含甚麼？

我的理解是這樣的，除了知識的深度，還要包含一個好的開始和一個好的結尾。

開始的時候，你需要做的只有一個 —— 吸引人們的注意力。如你可以先提個問題 —— 有多少朋友曾經上過這門課？有多少朋友曾經讀過這本書？有多少人認識我啊？這樣的互動，能很快拉近人和人之間的距離。你也可以講一個笑話，講一個故事，以這樣的方式開頭同樣能吸引別人的注意力。

　　但有時候，你實在不知道怎麼開頭也沒關係，結尾令人印象深刻也不錯。這就是心理學中著名的「峰終定律」。甚麼是峰終定律？簡單地說，就是一個普通人對一場演講的評價只會關注兩點 —— 是否有高潮；是否有個好的結尾。其他的他可能都會忘記。你可以下載 TED大會的演講，看看他們都是怎樣結尾的，無論他們前面講得如何，結尾一定是很乾脆利落的。我最喜歡的古典演講《做生活的高手》是這樣的方式結尾 ——「請記住，把自己的目光交給自己的目標，而不要交給自己的對手。」這是一種用金句結尾的方式，同理，你也可以用一種幽默的方式結尾，甚至可以這麼做 —— 把你開頭講的故事再說一遍，這叫首尾呼應。

　　但說實話，我不太喜歡特別激情的結尾，如在台上忽然「啊」，然後唸了首詩或唱首歌。這種演講我總覺得像傳銷。好的演講，應該從內容上給人共鳴，讓人感動，而不是從語音、語調上帶着別人共鳴，逼着別人去感動。

　　除了開頭和結尾，當然還有中間的亮點，我剛開始當老師的時候，聽前輩說過一句話：「如果一節課兩個小時，你必須用十倍的時間去準備。」演講是個苦活兒，你必須十分努力，才能看起來毫不費力。TED 大會幾乎所有的演講都說得很自然，很多人並沒有經過演講培訓，他們只不過是各行各業的高手，但依舊能講得很好。其實，那是因為他們已經把稿子背得滾瓜爛熟，每一句都是設計過，沒有一句多餘的話，一段 18 分鐘的

演講，有人會花 200 個小時準備，經過無數次的修改、刪減，沒有捷徑可走。而一個人如果想要登上 TED 大會的舞台，至少應該珍惜生命裏每一次上台的機會。一點點提高自己的演講能力，中間除了要下功夫，還要時刻想辦法製造亮點，以下我簡單分享幾個例子：

1. 你可以用金句：馬雲在演講裏說：「我們不能決定自己的出生，但可以決定怎麼離開這個世界！」

2. 可以藉助道具：比爾・蓋茨（Bill Gates）在 TED 大會演講的時候，帶了一個小的透明玻璃瓶，他告訴大家：「這個瓶子裏面裝了很多帶有瘧疾的蚊子，現在我要把牠們放出來，讓你們這些富人也嘗嘗被咬的滋味。」

3. 可以利用 PPT：如在講到亮點時，刻意放慢自己的語速。

4. 可以講故事：我在後文會跟大家分享故事的重要性，以及如何講故事。

5. 可以出其不意：如世界演講冠軍戴倫・拉克洛斯（Darren LaCroix）有一次演講的時候，在台上竟然摔倒了，觀眾哄堂大笑。這個時候戴倫說：「我跌倒的時候，大家都說快起來，這太令人尷尬了；但是我的老師卻說，在地上多趴一會兒吧，演講者的任務不是讓觀眾感覺舒服，而是要引起激烈的變革。」可想而知，他這個跌倒再接上這一段話，一定給觀眾留下了難以磨滅的印象。

演講的實用小竅門 ""

最後我分享一些拿來就可以用的小竅門：

1. 衣着

加州大學洛杉磯分校（U. C. LA）的心理學教授亞伯特·梅拉賓（Albert Mehrabian），在 1981 年時有一個著名的研究，叫作「無聲的訊息」，他的研究結果表明，在影響力方面，形象部分佔的比重最大，達到55%，其次才是內容、語言、語調。正式場合當然要穿着正式，其他不正式的場合，至少整理一下頭髮。

2. 表情

我們每個人臉上都有 43 塊肌肉，平時最多用到 3塊。如果你平時就是一張從來不愛笑的臉，演講的時候你最好讓它動起來，眉毛盡量上揚，要發自內心地笑一會兒。中國有句話叫「伸手不打笑臉人」，但你不能笑得太猥瑣，上台後觀眾才會感受到你是一個積極樂觀的人。沒有觀眾會希望聽一個完全沒有表情的人分享任何知識和經驗，觀眾只會喜歡樂觀的人，因為樂觀能傳染。多說一句，如果是一個比較悲傷的場合，如葬禮……請不要笑。

3. 目光

你的目光一定要看向觀眾，不要翻白眼，不要看地板，最好一次只盯着一個區域的一個觀眾。講完一段

話，跳到另外一個區域，再找一個觀眾盯着他講，就像他是你的朋友那樣；放心，那個觀眾不會覺得你在看他，其實那個區域的所有的觀眾都會覺得你在看着他，這樣你的觀眾全都能被照顧到。千萬不要用眼睛來回掃，找一個你的目光點。可能你會覺得我盯着他們看，就容易忘詞。我只能告訴你，多去練習吧！只有多練習，才會在照顧到眼神的時候，牢記內容。

關於眼神，邁克爾・埃爾斯伯格（Michael Ellsberg）的著作《眼神不敗術》說過更詳細的話題。

第一，演講前不要馬上說話，站在講台前方，讓雙腳牢牢地站穩，與此同時，看向聽眾的眼睛。如果聽眾人數比較少，可以和在場每位聽眾進行眼神接觸；如果人數較多，可以挑幾位聽眾做眼神接觸。不要掃視全場，會給人不親切的感覺。

第二，在演講中不要過多地關注不友善的眼神。一個人對着一百人演講，總會有一兩個人不喜歡你。演講者在演講中總是想盡力取悅所有人，所以他們的目光很難從那些表情凝重的人身上移開，他們總試圖通過對視弄明白對方在想甚麼；但這樣做卻往往會拖累演講，愈講愈不敢講，愈講愈覺得自己是錯誤的。何必呢？一定要抑制自己的好奇，將目光轉向那些眼神友善的人，和他們對視，你會發現愈講愈開心。

第三，在演講中和個別聽眾對視的時間應以心跳而不是秒為單位計算，一般以 3-5 個心跳為宜。演講者和聽眾的交流得靠身體感受，而不是靠機械式的計算。其

實你在演講台上久了，一定會有自己的節奏。

第四，在演講中如果有PPT，先看向或碰觸PPT上的內容，然後轉身面向聽眾後再開始講解，同時眼睛直視個別聽眾，講完這一頁PPT後再和另一位聽眾進行眼神接觸。

4. PPT

其實不僅是PPT，還有你現場放的音樂、視頻都有很強的輔助作用，讓聽眾對你的要點一目瞭然；但是在使用這些輔助工具的時候請注意，不要喧賓奪主，切忌用繁複的PPT轟炸觀眾，好像洗牌一樣一頁頁翻閱準備好的PPT，這對聽眾來說就像一場災難，他們眼花繚亂，甚至無法體會你到底要說甚麼。要知道，你的演講才是主角，PPT永遠都是配角。

最後，請千萬別把演講想得多麼高大，也別想這玩意兒離你有多遠；事實上，如果你知道如何在飯桌上對着一群朋友講話，你就會做一個好的演講。好的演講會讓你受益匪淺，因為這個時代牢牢掌握在輸出者的手中，輸出者只有兩種普遍的方式 —— 寫作和演講。演講比寫作傳播得更遠。

20 多一種語言，多一種思維方式

這裏所說的多掌握一種語言，不僅僅是英語，也包括其他各種各樣的小語種。很多人問為甚麼要學外語，尤其是在翻譯軟件這麼便捷的今天，很多語言幾乎可以實時翻譯，為甚麼還要費腦袋學外語呢？答案如下：第一，會外語很方便；第二，學外語更多學到的是一種思維方式；第三，真的能賺錢。

語言令你認識世界

最新數據，在這個畢業就容易失業的今天，小語種專業的人工資都十分可觀。除了英語，你可試試西班牙語、法語、意大利語、阿拉伯語、日語、俄語等。掌握這些語言的人，在國際上都是短缺的。

比如法語就十分實用，學會法語不僅可以在法國很好地生活，加拿大、比利時、瑞士、海地都把法語當成第二、第三官方語言，不少本科生畢業後，都會選擇到國外工作，國際上法語翻譯人才十分欠缺，所以，公司開的工資都非常可觀。

不僅如此，學習外語還有個非常大的好處 —— 改變你對世界的認識。

我們可以用機器翻譯語言，但是機器翻譯不了文

化，就好比無論一個人的英語多麼好，都不能翻譯出「感時花濺淚，恨別鳥驚心」這樣優美的詩句，很多外國人也正是為了理解這樣的詩句，才決定學中文的。

語言除了語言本身，背後還有大量的潛意識、大量的文化內涵，而學外語的作用就是 —— 改變你的偏見，用不一樣的角度看這個世界。

我在很多年前認識一位學西班牙語的朋友，我問他：你怎麼看《百年孤獨》，他說這是一本你只有看原版才知道它很棒的書。我雖然也看過很多遍中文版，但總感覺在翻譯的過程中，丟掉了很多東西，這些東西是甚麼，我想也只有我學完西班牙語才能得知吧！

其實中文裏也有很多東西是外語翻譯不了的，如宮保雞丁、老婆餅、夫妻肺片、獅子頭。再比如我們中國古代的青樓、鏢局甚至忠孝的概念，這些放在外語裏都非常奇怪。曾經有位美國朋友跟我討論了半天甚麼是鏢局，最後他非常確定，鏢局就是我們現在的快遞小哥，只是他們現在不拿刀而已。

我自己在學英文的時候，一開始在心裏總是會把學到的東西翻譯成中文，可是學到後面，才發現很多語言都是沒辦法翻譯的，那種強行的翻譯，對語言來說反而是一種傷害，如珀西‧比希‧雪萊（Percy Bysshe Shelley）的詩、莎士比亞（William Shakespeare）的戲劇，如果你不懂外語，不懂對方的文化，你可能會覺得它好看，但不會覺得它偉大。但如果你懂外語，你總能感覺這世界有很多東西，是不能用自己的母語思考的。

為自己挑選合適的語言學習 "

久而久之，我開始逼着自己用英文去思考，具體怎麼做呢？

我開始看英文原著、英文報刊，逼着自己看美劇時不看字幕，去感受那種語言環境。

一開始難度很大，養成習慣後，也就成了生活的一部分而已。

學外語並不是甚麼奇怪的事情，在美國，大學生幾乎都會兩種語言，哈佛、耶魯這些頂尖大學的學生，有的甚至會三四門外語，這都是生活的常態。

如果你問我除了英語，還有甚麼語言是值得推薦學習的？

首先要看難易程度，有句廣為流傳的話是這樣說的 —— 三分鐘韓語，三小時英語，三週的日語，三個月的德語，三年的俄語，三百年的阿拉伯語。所以你應該根據自己的接受能力選擇適合自己的難度，以下是我認為值得推薦的語言。

1.法語

英語和法語分屬兩個語言族，直到今天，法國人對英語依舊十分排斥，可英語中最常用的單詞裏，有81%來自法語和拉丁語。英語和法語真是一對歡喜冤家，當你學法語時，你會發現法語中有大量的英文詞彙。很多法國人都為優美的法語而驕傲，拒絕學習其他語言。但是英國工業革命以及美國崛起之後，英語逐漸地替代了法語的地位。

2. 西班牙語

全球超過 5.5 億人都講西班牙語，西班牙語同時也是聯合國六大官方語言之一，覆蓋西班牙以及拉丁美洲的眾多國家。

3. 日語

近幾年來，日企在中國沿海城市越來越多，久而久之，日語人才的市場變得緊張起來。多種跡象表明，語言的掌握應用和外資企業就業有着息息相關的互動性。隨着越來越多人到日本旅遊，他們發現日本人真的不會說英語，想要交流要麼用手語，要麼還是要學點日語。

如何有效
向別人提問？

1. 把自己的疑問匯集成一個核心。
一個核心結束後，再匯集到另一個核心，
切記不能多角度分散。

2. 別提出不實際的問題，
而是從自己的角度出發。

當你發現和別人已經沒話說時，怎麼辦？

從外表入手

由細節入手誇讚對方，如衣着、手袋、鞋子、首飾、髮型等。

選擇開放式的話題

不要給對方二選一的封閉式問題。

每個問題後加一句：「你覺得呢？」、「你是怎麼做到呢？」等等。

準備一些萬能的問題模板

「最近讀了甚麼書？」、「假期去哪裏比較好玩？」、「看了哪部好看的電影？」

拋出這些問題就把談話的重點轉移到對方身上。

PART 5

講故事是每個人必備的能力

我們通過故事來了解這個世界，
並不是因為故事是最正確、
最真實地理解這個世界的方式，
而是因為，無論你是喜歡還是不喜歡，
這種基於想像力而不是理性思考的思維方式，
已經陪伴了人類許多年，
它早已植根在人類的基因。

21 為甚麼要學會講故事？

　　如果要問甚麼樣的形式可以更好地傳播自己的觀點，答案只有一個 —— 講故事。講好一個故事，是當今這個時代交流和傳播最有效的方式。

　　為甚麼要講故事，因為<u>故事代表着有趣，所以才能有效地廣泛傳播</u>。你可以告訴人們不要說謊，可以給他講一個《狼來了》的故事；你可以告訴孩子不要貪心，可以給他講一個《下金蛋的鵝》的故事。在人們聽不進道理的時候，故事幾乎成了唯一打通人們心靈的方式。

講故事與人類的覺醒

　　羅伯特・麥基（Robert McKee），被稱為「荷里活編劇教父」，他在《故事經濟學》裏給了答案，他認為故事的出現，源於人類在進化中的兩次覺醒。

　　第一次覺醒，是「我」這個概念的出現，這是一個非常漫長的過程。大約 300 多萬年前，地球環境的劇烈變化，使人類祖先的中央神經系統發生了快速增長，這個增長直到今天，已經找到了科學依據。這個速度有多快呢？據記載，大概每 3,000 年能長出 1 毫升的腦灰質和腦白質。其中，腦灰質代表腦細胞，腦白質代表神經纖維，通俗地說，就是人類開始長腦子了，和別的動物

不一樣的腦子。

隨着時間的流逝，經過一次次突變，人類祖先的大腦終於長到了 1 升，不僅體積變大，結構也變得更加複雜，上千億個細胞緊密連接。大腦在神經強度緊繃到極限的時候，湧現出了第一個概念 ——「我」。「我是誰」不光是一個深刻的哲學問題，也是人類長出發達大腦之後產生的第一個問題。這就是人類的第一次覺醒。「我」的湧現，賦予了人類一種其他動物沒有的能力，這就是審視自己的能力。

自我審視很獨特，如讓一隻狗看湖裏的自己，牠只會衝下去搶走湖裏的肉；麥基說，其他任何一種動物都不可能產生類似的感知。如豬圈裏待宰的家豬，牠們眼看着同類一個個被宰殺，但任何一頭豬都不會覺得「有一天會輪到我」，因為牠們的意識裏根本沒有「我」這個概念，牠們不會對自己的存在有任何感知。但人類卻能夠將自身作為客體來審視，也就是用外部視角來看待自己。因為能自我審視了，所以人類的思想一分為二 —— 一個是外在自我，一個是內在自我。外在自我是所有事件的親歷者，換句話說，就是你的肉身，依靠生存的本能覓食、捕獵、交配；而內在自我的職責就是觀察外在自我，換句話說，就是你看不見的靈魂。但是，對於早期的人類來說，這種自我審視能力會帶來甚麼樣的感受呢？不是喜悅，也不是滿足，而是無盡的恐懼。因為自我審視意味着，人類開始能夠感知到自己的命運。他們通過對同類的觀察來揣測自己的命運。眼看着

同類遭受疾病、傷痛、死亡，人類開始琢磨一件事，那就是：「是不是有一天，我也會這樣。」於是有了死亡的恐懼，人們開始滋生出各種各樣的故事，如果你讀過《聖經》就會知道，上帝造人的時候是不給人們獨立思考的能力的，但如果你吃了蘋果（啟智），你就可以獲得自我反省的能力；這種能力其實就像麥基說的自我審視，如亞當吃完蘋果第一件事是找片葉子把自己的身體遮起來。

注意，這種感覺看起來很普通，但是假如沒有「我」這個概念，這些感知就無從談起，這些感知最先都是自我的意識。

通過故事解決問題

在剛剛萌生心智的人類看來，這個世界充滿了不確定性，他們不知道為甚麼會有颱風、洪水、地震，他們會好奇人為甚麼生病，會問生命結束之後人去了哪裏。所以對我們祖先來說，一切都既恐怖又神秘。

為了擺脫對未知的無盡恐懼，人類必須為這一切找到答案，給所有的不確定性做一個確定性的解釋；但是原始人沒有任何科學手段，又怎麼可能解釋得了這些自然規律呢？應該用甚麼方式去抵禦對未知的恐懼呢？答案指向了故事。

所以人類的心智在第一次覺醒，也就是萌生出「我」這個概念的基礎上；緊接着，他們湧現出了第二次覺

醒，這次覺醒帶來的就是編故事的能力。

人們開始設想各種故事，來尋找合理性，如天上之所以會電閃雷鳴，是因為天空背後有一股控制天氣的神秘力量。久而久之，這種力量被賦予實體，成為掌管自然的神明，也就是希臘神話裏的宙斯，或中國的神話裏的雷公。每個國家的原始神話，都是用故事來賦予一切意義，如人會生病、遭遇痛苦，是因為得罪了某些鬼神，所以遭到懲罰。

因為有了這些故事，一切的不確定性都在人們的想像中完美自洽，一切都可以歸結為某種因果關係。

尤瓦爾・赫拉利（Yuval Noah Harari）的《人類簡史》也講過相似的觀點：智人之所以能走到今天，也是因為會講故事。因為會講故事，才能作為群體，組成大規模的集體進行複雜的合作，於是有了火，有了社群，有了國家。人類之所以在一起，是因為共同相信，如夫妻，大家相信他們的愛情故事；如我們這群人，相信通過學習、讀書可以改變自己的命運。

因為我們的祖先學會了講故事，經過時間的積累，根據達爾文的進化理論，講故事的心理機制植入人類的DNA 中。遺傳給了我們，有本書叫《進化心理學》，一種心理機制之所以能夠存在於現今的人類身上，一定是因為它曾經成功地為人類的祖先解決過某個特定的問題。

講故事就是這樣幫助人們活了下來。這就是我們為甚麼說到故事、聽到故事、寫到故事，都會感到親切，都能很快鑽進那字裏行間所描述的情景之中的原因。

所以，對於我們人類這個物種而言，通過故事化思考解決問題，一定比非故事化更令人好接受。

故事化的年代

我們通過故事來了解這個世界，並不是因為故事是最正確、真實理解這個世界的方式，而是因為，無論你是否喜歡，這種基於想像力而不是理性思考的思維方式，已經陪伴了人類許多年，它早就根植在了人類的基因裏。因為我們需要求知，需要尋找確定性，所以我們有了故事。所以在這個時代裏，如果你想不被拋棄，講好一個故事無比重要。

比如早年，我們的廣告幾乎都是放在電影、電視劇的開頭，有人看嗎？幾乎沒人看。大家都是在廣告時間自己做自己的事情，時間到了才開始看。後來有人把廣告放在內容中，這種被打斷的感覺，只會造成大家的厭惡。當你正在津津有味地看一個故事時，忽然插播一則廣告，你肯定會把不喜歡的感覺在潛意識裏跟這個廣告聯繫在一起。現在視頻網站有了改善，他們開通了會員制度，只要你交錢，就可以免去廣告，但是他們又忘了，要是連會員都辦不起，廣告裏的產品也買不起啊！所以，廣告越來越令人討厭並不是因為廣告的問題，廣告沒問題，沒有廣告也不可能會有推廣，廣告之所以被討厭只是因為廣告沒有進行故事化。

我舉個例子，有一條三分鐘的廣告片，名叫「夢騎士」，它宣傳的是一間銀行，故事是這樣的：

故事的主人公是幾位退休老人，他們曾經是一群喜歡騎電單車的騎士，如今他們已經年邁，各自過着平淡的退休生活，準備這樣日復一日地過完這一輩子。

有一天，其中一位老人過世了。夥伴的離去在其他老人內心激起了巨大的波瀾，他們意識到自己也難逃這樣的宿命。

於是他們決定帶着夥伴的骨灰，做人生中最後一次電單車環島旅行。最終，他們克服了身體的傷病，完成了這個不可能的任務。

故事完結，馬上加廣告，屏幕上出現一行字——「不平凡的平凡大眾」，這是銀行向所有用戶致敬。

是不是忽然不反感了？

在廣告這個行業裏做得較好的是泰國。泰國的廣告為甚麼從來不招人討厭？因為泰國的廣告全是一個個故事帶出來。故事化廣告的興起，從某種程度上講並不是創新，它其實是還原了一個人類的真相——我們天生就是故事動物，人類的大腦原本就是一部不斷接收故事並且不斷創造故事的機器。

這個時代，我們一定要學會把我們的產品故事化，把我們的身份標籤故事化。

可以預見，未來的廣告也將越來越多地使用故事，講故事也將成為廣告最重要的形式，甚至我們的溝通如果用故事，也更容易讓人理解。

麥基說，一個能賺錢的營銷故事，不僅要是一個好故事，更要帶着明確的商業目的和營銷技巧。像馬雲、喬布斯、Google 的創始人拉利‧比治（Larry Page）、亞馬遜的創始人傑夫‧貝索斯（Jeff Bezos），他們演講的故事都帶着明確的商業目的；只不過，他們把這些目的藏得很深，讓聽眾以為自己只是聽到了一個故事，殊不知，其內心的消費慾望已經在不知不覺間被調動起來了。一個產品如果有自己的故事，被人口口相傳，也能讓更多人知道。

　　在新的時代裏，講故事的能力，一定是人最重要的能力之一。

如何講好一個故事？

講好一個故事是一項很重要的技能。我們知道的許多傳說都是口口相傳留下來的故事，那個時候沒有文字，口口相傳的故事其實是集體創作的結果。在現代社會，尤其是在人和人完全不了解對方的時候，只是單純用形容詞介紹自己，說甚麼自己是個很友好、很上進的人，還不如直接在介紹自己的時候，講一個故事。

故事的傳播價值

《故事思維》的作者安妮特・西蒙斯（Annette Simmons），是美國知名諮詢公司的創始人，在這本書裏，我獲得了很多啟發。

書裏有個人叫斯基普，35 歲，在美國接手一家自己家族的公司，因為他的背景和年齡，股東們普遍不太信任他，畢竟，股東都是他爺爺那一代的人。這個時候，故事登場了。斯基普第一次在股東大會介紹自己時，講了他的一個親身經歷：

> 他曾經給一家造船廠畫電器平面圖，那時，他恰恰是這個專業的高材生，又從小在船上長大，對船特別熟悉，很快畫好了圖，自認萬無一失。卻被船廠的一個工人發現了錯誤，斯基普開始很不服氣，心想怎麼可能，直到他親自去船廠一看，才發現果然錯了。原來斯基普是個左撇子，和一般人的視角是反着的，所以圖紙就畫反了。
>
> 後來在船廠的同事送給他一雙網球鞋，左腳是紅色的，右腳是綠色的。人家想告訴他，從今以後一定要分清左右。現場很多人都笑了。他還說這件事還告訴我，以後就算再有把握，也得聽別人的意見，哪怕那個人是一個每小時只掙幾十塊錢的工人。

斯基普講完以後，股東們都笑了，那些懷疑的眼神也隨着這個故事的終結消失了。因為股東們從這個故事裏聽出了幾層意思 —— 第一，這個斯基普雖然年輕，但已經擁有一線工作的經驗，也從工作中得到教訓和磨煉，不是他們想像中的那種紈絝子弟；第二，不能僅僅根據一個人的身份，就先入為主地給他貼上標籤，那樣只會導致自己判斷出錯；第三，他會聽股東的建議，他甚至會聽一個每小時只掙幾十塊錢工人的建議。

這個故事的結局顯然是斯基普打消了股東們的疑慮，而他做的僅僅是講了一個故事。

故事是傳播價值觀的載體，好的道理不要直接說出來，是要放進故事裏。

講故事五個要點

接下來，我們介紹五個講故事的要點：

1. 自我介紹

第一種類型的故事，是要告訴別人「我是誰」。在一個場合，你如果需要介紹自己，只需要介紹三點——我叫甚麼名字；我為甚麼來這裏；我想要幹甚麼。

在訊息爆炸的時代，當你想說服別人時，對方最需要聽到的不是訊息，而是你是誰。尤其是年輕一代，你要先介紹你是誰，和他們關係拉近，才可能傳遞自己的價值觀。

只有說明白你是誰，說清楚你和他們是一路人，才可能使他們明白，你是一個值得信任的人。關於「我是誰」這個問題，最好的答案就是講自己的親身經歷。

從今天起，就在家寫幾個自己的故事，用來拉近彼此的故事。

不過有一點請注意，這時候最忌諱編出一個故事，死硬硬地安到自己身上。一般情況，不是自己的故事，就算講出來也會有痕跡。誰都不是傻子，如果人們發現你在胡編亂造，會適得其反。

2. 說出自己的目的

人天生是有警惕心的。《紐約時報》在 1999 年做過一個民意調查，結果有 63% 的人認為，和別人相處時要小心再小心，還有近四成的人認為，別人一有機會就想利用自己，尤其是面對陌生人和位高權重的人。

所以，剛見到人家時，有時候你直接說出自己的目的，反而能拉近彼此的距離。

「我來這兒就是看有沒有更好的機會找人合作。」

「我來這兒就是希望能賺到錢。」

「我今天見到您就是想跟您聊聊怎麼共贏。」

當然，如果你不想直接，也可以隱晦一些。

在《故事思維》裏，安妮特‧西蒙斯（Annette Simmons）講了一個故事：

> 她認識一位商人，一直在愛滋病患者關懷中心做志願工作，他在請商界人士捐款的時候，總會講起自己的一段旅程，這個故事幫助他籌到很多錢。那是他去以色列的時候，那裏有一個淡水湖叫加利利海，它和死海擁有同一片水源。當地人告訴他，死海沒有出水口，所以水的流通受阻，導致湖水鹽分不斷升高，最終失去了生機。而加利利海有出水口，水不斷流入、流出，就保持了旺盛的生命力。

這個故事講完，現場的商人都聽懂了。雖然目的沒有直接說出來，但卻通過這個經歷告訴捐款者，幫助他人是不可或缺的，因為只有在獲得財富的同時又懂得施捨，才能像加利利海的水那樣活起來。將目的放在故事裏，更容易讓人接受。

3. 講一個有願景和智慧的故事

有願景的故事很好講，你只需要在故事結尾指向未來就好。

「我希望……」、「我相信未來會更好……」

這些句子本質都是願景和期待着未來的故事。關於智慧的故事，我的建議是大家買一本《伊索寓言》，把這本書看一遍，再講一遍，講到滾瓜爛熟。很多傳播智慧的故事，都在公元前六世紀由伊索講過了。

4. 講一個有價值觀的故事

我再強調一遍，故事是價值觀的載體。如果你想講一個深刻的道理，就應配上故事。

美國克里斯托弗・蓋爾博士（Christopher Gale）曾經在美國的改革行政管理協會當主席，他講了這麼一個故事：

> 　　有一次，一個 45 歲的男人到他們那兒面試，這個男人是公務員，面試過程中不停地說自己長久以來如何加班工作，如何取得各種成績。突然間，這個男人心臟病發作，倒在地上，等到救護車趕到的時候，人已經不行了。蓋爾博士和員工們全都驚呆，因為這個男人本來打算從一個高壓的崗位跳槽到另一個更高壓的崗位上，也就是從一個成功的位置跳到一個更成功的位置，沒想到卻死在了現場。

　　蓋爾博士認為，政府也好，公司也好，很多組織所秉持的「一切以效率為先」的原則究竟對不對？這樣是對生命的漠視。

　　後來，蓋爾博士致力改變傳統的工作觀念，每次宣揚自己的價值觀時，他總是給聽眾講這個猝死的故事，希望藉此告訴人們，他們原有的工作原則可能是錯誤的，不斷地要求員工加班是在變相殺死他們。

　　在美國，這樣的演講家很多，他們都是從故事出發，然後講到自己的道理。你想要告訴大家着火時捂住口鼻很重要，你就可以從一個曾經被燒死的孩子的故事講起；你想要告訴大家繫安全帶很重要，你就可以從一起交通事故的故事說起。

5. 適當地停頓和抓住細節

其實在聽故事的時候，聽眾大約只能聽到 15% 詞彙，許多內容他們是不會記住的。他們評價一個故事好還是不好，主要是依靠講述者的表情、姿勢、衣着等等。

所以，你的故事不僅要有好的內容，還要用真實表情傳達情感。

比如在講到緊張的事情，可以閉上眼睛，用我們的身體語言。說到驚訝的事情，可以忽然「啊！」一下，用好我們的語氣和「特效」。在強調甚麼時，可以忽然停下。講故事不一定要一直說話，適當地停頓，有時會讓故事意味深長。

曾經有一個在底特律貧民窟長大的人，給安妮特講過自己的經歷：

> 他的弟弟妹妹加起來共 10 個，在他 35 歲的時候，其中一個自殺了，另外還有兩個死於暴力事件。在他的整個童年和青年時代，家裏都處於入不敷出的狀態。說這些事的時候，他一直把雙手插在褲袋裏，眼睛看着地面，語氣很緩慢，直到他說自己是家裏唯一高中畢業的男人時，他才仰起頭，露出堅毅的表情，語速也快了起來。

就算這個故事內容一般，但光是語氣就能感動到每個人，這就是細節表現得到位。很多故事之所以好，就是因為細節好，有時候一個細節，可以支撐得住一部電影。細節決定成敗，如剛才提到的貧民窟故事裏，其實我們可以思考，他為甚麼不說自己生長在一個大家庭，而非要強調「10」？因為「10」這個數字是細節，把一個抽象的大家庭概念具體化。數字能很好地引人注目，數字就是細節。我們之前說過，孩子如果多聽到數字，會提高他對數字的敏感度。大人也是一樣，數字包含的訊息很多。

　　還有一個更令人喜歡的細節，就是他講的每一句話，都在說自己。所以，這就是講故事的最重要的事情，記住 —— 說自己。

23 怎樣寫好一個故事？

　　寫故事的用途很廣，如寫小說、寫劇本、寫廣告、寫雜文，或者寫在通訊軟件的隨筆。我的建議是，這個時代每個願意成長的人，都可以自己註冊一個帳號寫點內容，學會表達自己。今次，我就和大家探討一下如何寫好故事。

故事該怎樣開頭？

　　好的開頭是成功的一半，我特別建議想從事創作的朋友，聽完這個章節趕緊動筆試試。

　　有一種開頭的方式 —— 提出一個問題。

　　提出一個問題，會把大家的興趣吸引起來。我自己在上課的時候，經常先提出問題給大家，讓大家進入沉思，接下來開始上課，學生能更快進入狀態。寫作也是一樣，可以在一開始提出個問題。

　　這就是插敘、倒敘的意義，把結果和衝突先提到前面來。

> 《別相信任何人》講述了一個名叫克麗絲的妻子，她有一點與眾不同，20 年來，她的記憶只能保持一天，所以每天早上醒來，她都會完全忘了昨天的事 —— 包括她的身份、她的過往，甚至她愛的人。過去的甚麼事她都不記得，她怕自己忘記，故每天都寫日記。她並不孤單，克麗絲有一個丈夫名本，每天早上都給她做飯、收拾、打理，本是她在這個世界裏唯一的支柱，關於她生命中的一切還好有丈夫告知她。她還有個醫生，不常見，有一天早上，她給自己的醫生打電話⋯⋯故事的開頭是這樣寫的：
>
> 在納什醫生幫助下，克麗絲找到了自己的日記，發現第一頁赫然寫着：「不要相信本。」

天啊，為甚麼啊？到底怎麼了？你是不是特別想讀下去？因為開頭，作者就埋下了一系列問題，本到底是誰？這個本會不會對故事女主角做甚麼？女主角為甚麼會變成現在這個模樣？這些疑問都是閱讀的動力。

但很可惜，這個故事寫得並不好，但好的開頭設置疑問，就能把人的目光吸引過來。

這裏有個公式：設置懸念 —— 提出疑問 —— 找到答案。

好的小說家會不停地設置疑問，讓你在故事中欲罷不能。一個問題接着一個問題、一個答案接着一個答案

地出現。

　　《福爾摩斯探案全集》在剛開始的時候，福爾摩斯遇到了自己的拍檔華生，兩個人互不相識，但福爾摩斯很快就跟華生說：「你是從阿富汗回來的。」讀到這裏，所有讀者的反應一定是 —— 為甚麼？

　　請記住，好的小說家一定不會直接給出答案，因為這是小說家的籌碼，他會把問題先提出來，再慢慢給你答案，你知道答案的代價是必須繼續往後看。

　　所以果然過了很長時間，時間長到很多讀者都忘了還有這麼一個問題，福爾摩斯在一次執行任務時說：

　　「我當時一看就知道你是從阿富汗回來。由於長久以來的習慣，一系列的思緒飛也似的掠過我的腦際，因此在我得出結論時，竟未覺察得出結論所經的步驟。但是，這中間是有着一定的步驟的。在你這件事上，我的推理過程是這樣的：這位先生，具有醫務工作者的風度，但卻是一副軍人氣質。那麼，顯然他是個軍醫。他是剛從很炎熱的地方回來，因為他臉色黝黑；但是，從他手腕的皮膚黑白分明來看，這並不是他原來的膚色。他面容憔悴，這就清楚地說明他是久病初癒而又歷盡了艱苦。他左臂受過傷，現在動起來還有些僵硬不便。試問，一個英國的軍醫在很炎熱的地方歷盡艱苦，並且臂部負傷，這能在甚麼地方呢？自然只有在阿富汗了。這一連串的思想，歷時不到一秒鐘，因此我脫口說出你是從阿富汗回來的……」

　　這樣的創作方法，在電影裏已經太多了。

如何在開頭表達多量的訊息？ 🟢🟢

　　有人說，如果我不想要疑問，還有沒有其他方法嗎？

　　有。讓開頭的訊息量愈大愈好。如果讓人們來挑選這個世界上訊息量最大的小說開頭，許多人一定挑選《百年孤獨》，我知道很多同學看《百年孤獨》會看不進去，因為作者加夫列爾·加西亞·馬爾克斯（Gabriel García Márquez）是著名的魔幻現實主義小說家。甚麼叫魔幻現實主義？簡單來說就是用魔幻的方式描述現實。

　　魔幻現實主義誕生在美洲，這些作品運用典型的魔幻現實主義表現手法，揭露社會弊端，抨擊黑暗現實。

　　今天我們主要賞析他的開頭——「許多年以後，當奧雷連諾上校面對行刑槍隊時，他便會想起他父親帶他去找冰塊的那個遙遠的下午。」

　　我們看看「許多年後」，讀者隨即被帶往故事的未來，如果你看過小說，就知道奧雷連諾上校確實正面對着行刑隊，正要被槍決，怎麼剛出來就死了？死了也就算了，快死了這個關鍵時刻，他怎麼還想起父親帶他找冰塊的那個遙遠的下午？注意「想起」一出現，讀者便飛到了故事的過去，時間線穿梭回去。那時奧雷連諾上校還是寶寶，正在和父親，還有哥哥一起去吉卜賽人的帳篷裏看冰塊。

　　這一句話，把奧雷連諾上校前後數十年的兩件大事寫出來了，有了現在、未來和過去。如果大家讀過《百

年孤獨》，你可能更會理解冰塊的意義。開頭就一句話，訊息量如此大，所以很多小說大家一定要讀第二遍。

怎樣結尾？

說完開頭，我們也說說結尾。之前我們說了，故事如果有個好的開頭和結尾，中間很多問題都能迎刃而解。

我個人覺得，如果故事在創作前就能想到結尾會更好，好比你已經知道了終點，剩下的你怎麼做都會得心應手。

結局有兩種，有一種叫固定結局，是最常見的結尾方式。這種結尾的好處是故事講完，不拖泥帶水，讓讀者有完整感，故事結束，結尾完全。

我個人比較喜歡另一種結尾，叫開放式結尾，就是讀者有多種理解的方式，如《盜夢空間》是典型的開放式，因為最後你也不知道，這個陀螺是不是停下來了，所以你怎麼理解都對。

我們寫故事的時候，也可以用這樣的結尾，可以在故事後面留下個疑問，給讀者思考的空間。

其實，寫作有很多技巧性的話題，如怎樣寫對話、怎樣寫人物性格……寫作是一項苦力，如果你決定靠寫作維生，請一定做好大量訓練和閱讀的準備。

在寫作的領域裏，所有通往捷徑的道路，本質上都是通向死亡。

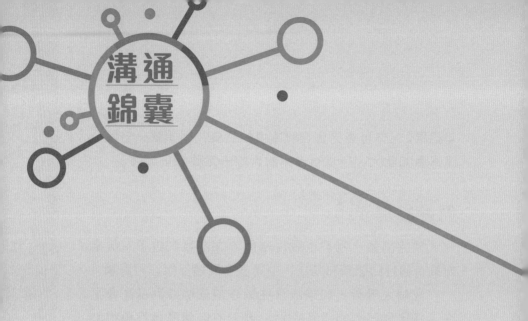

說一個好故事的五個要點

1. 自我介紹；

2. 說出自己之目的；

3. 講一個有願景和智慧的故事；

4. 講一個有價值觀的故事；

5. 適當地停頓和抓住細節。

PART 6

面對衝突時，
該怎麼辦？

當你面對衝突時，該怎麼辦？
對待衝突總結起來是九個字——
不挑事、不怕事、能了事。

24 如何解決正面衝突？

我們都曾遇到衝突，仔細觀察身邊的人，解決衝突的方式有以下三種：

第一種，迴避 —— 遇到衝突撒腿就跑。

第二種，遷就 —— 哪怕給人下跪，也不希望把矛盾鬧大。

第三種，作對到底 —— 你罵我一句，我給你一巴掌。

但其實，這些都無效。因為這三招都沒有在本質上解決衝突，有些方式還讓衝突升級了。

我讀過一個很有趣的故事：

"

一個警察接到鄰居報警，走進了一個雞飛狗跳的家裏，夫妻正因為一件小事吵架，吵得非常兇。警察進來後卻沒有馬上勸架，而是把警帽一摘，往梳化上一坐，一句話都不說，這樣看着吵架的夫妻倆。看着他們你一言我一語，很快，兩個人停止爭吵了。

> 面對一個外人，尤其是一名警察，夫妻倆就算情緒再激動，也不可能完全無視，繼續自己吵自己的。更何況，一個警察來到家裏，本來就有點權威感。等他們的情緒穩定下來後，警察開始說話了。不過不是勸交，而是開始點評自己看到的生活環境，如這個家的裝修非常漂亮、車子擦得很乾淨、廚房的湯燉得很香。這些優點說出後，夫妻就像被喚醒 —— 我們倆一起創造了好多美好的東西，可我們現在幹甚麼？

　　最後，警察讓這對夫妻回憶當初為甚麼在一起，共同克服了甚麼，待夫妻倆回答問題後，警察就離開了。這位警察像看過《幸福的婚姻》，知道化解衝突的第一招就是先讓彼此放開情緒。談判專家每次遇到挾持人質的歹徒，第一件事就是讓他別激動，所有帶着情緒的衝突都是最難解決的。

　　達納・卡斯帕森（Dana Caspersen）是一位衝突調節專家及尚普蘭大學人際衝突專業碩士，他在《解決衝突的關鍵技巧》中說：「最好的解決衝突的方式是協同，通過坦誠溝通，了解雙方的差異所在，最終找到一個共贏的方案。」

找到雙方矛盾之關鍵點 ”

　　當我們遇到衝突，首先記住別怕。這就像一團繞在一起的線團，應該先找到頭在哪兒。所以，當一場衝突在所難免時，要先把注意力從衝突中轉移，先找到那個雙方產生矛盾的節點。甚麼是矛盾節點呢？這就需要你用心傾聽，有時候用心傾聽對方的話還不夠，還要有效傾聽。

　　所謂有效傾聽最重要的是聽出來對方的弦外之音，在對方表達情緒，死守自己觀點的時候，就是你收集訊息的最佳時機。

　　例如你聽到女朋友說：「你根本不愛我。」你聽到了甚麼？你聽到的可能是一個事實，於是你開始尋找你愛她的證明。這樣做就錯了，衝突可能會加劇。首先一定要聽她的語調。如果她是撒嬌的語調，衝過去抱住她就好。因為她背後那句話是：「你抱抱我吧！」如果她是抱怨地說，你應該說：「我今天甚麼也不幹，就陪你。」因為她背後那句話是：「你工作太忙了，都沒時間陪我。」所以，解決衝突之前一定要知道對方到底想說甚麼。

　　又如父母給你打電話，說這幾天天氣降溫，讓你多注意身體。這個時候，你千萬別冷冷地問：「你到底想說甚麼？」因為父母的意思很明瞭，說明他們想你了。正確的回答應是：「爸媽，我想你們了。」

　　每個人講的每句話，其實背後都有自己的需求。聰明的人，要尋找需求。

　　《解決衝突的關鍵技巧》一書中給我們辨析了三個概念 —— 想要聽懂別人說的話，需要區分行動、利益和需求的差別。

　　我們每句話都有一些基本的需求，這些需求演變出不同的利益，然後我們會選擇不同的行動計劃去滿足這些需求和利益。

　　衝突的一般只是行動上，很多時候，我們的利益和需求都是一樣的。比如當一個人說我需要一把槍，因為這個地區太不安全了。他的行動是去買一把槍，背後的目的是保證自己的人身安全，他需要的只是安全感。

　　在公司裏這點更常見，每次和別人吵架，我都在想，我們的需求和利益是不是矛盾。如果不是，我們想辦法解決就好。如果兩個人的需求是矛盾的，這才是最難化解的衝突，這也就是為甚麼有些談判能談好幾天的原因，因為雙方都在堅持自己的需求和利益，降低別人的需求和利益。

助對方找到自己的需求

　　其實需求和利益很多人經常弄混，有時甚至連發生衝突的當事人也不太清楚自己的需求是甚麼，當不太確定對方的真實需求時，一定要大方地去問、去猜，這樣才能引導對方思考自己真正需要的東西。

　　如果不主動猜，衝突還會繼續。不僅要問對方的需求，還要確認自己接收到了對方的觀點。

我在某書裏看到一個例子：

一個人說：「我不希望這些小孩到我的草地來。」

你可能這麼問他：「你不喜歡孩子？他們沒有破壞任何東西，這只是塊草地。」這是沒有確認過的問題。

有確認的回應是這樣：「好吧，你不喜歡孩子來這裏（確認）。是他們經過時做了甚麼，還是你只是單純地不想讓他們在你的草地上？」

請注意，第二個說法就代表着你已經知道了他的立場是討厭孩子，對方會覺得你是聽懂了他的話，不是和他站在對立面，雖然了解他的立場不代表贊同，但至少可以讓談話進行下去，不至於就是衝突。

你可以想像，如果一個人說甚麼都有人立刻不同意他的觀點，久而久之，他肯定不說話了。

接納對方的情緒

我在 20 歲時，明白了一個道理，當女孩子跟自己發脾氣時，先把她的情緒接過來。後來我發現這種方式效果特別好。待她發脾氣後，再跟她聊需求、利益和行動。用這一招哄女朋友，十分有效。

所以，當遇到衝突時，你可以原地不動、注視、微笑，傾聽或引導對方，請注意：在聽的過程中，不要給自己的意見，不要表達態度；因為一給意見，傾聽就到此為止，接下來就是彼此情緒的爆發。

女生和男生吵架也一定要先問自己一個問題：

　　我是在跟我的情緒吵架，是在跟事實吵架，還是跟人吵架？這個問題一問，你至少有兩秒的時間可以打斷自己的情緒。

　　男生也要問，我這麼吵架是為了維持我的面子，還是為了我的目標？你問了，也不容易發脾氣了。

　　還有一招，就是想像某個人在看着你，那個時候他看見你這麼沒風度地發脾氣會怎麼想？有時候為甚麼我能控制自己的情緒呢？因為我想像着有人在看着我，如果罵人就太沒風度了，就這麼一瞬間，我制止了自己。

增強好奇心

　　化解衝突的另一個方法，是增加了解相反觀點的好奇心。

　　《解決衝突的關鍵技巧》這本書裏說：「想要持續溝通，首先得有好奇心。」溝通怎麼跟好奇心有關呢？因為當對方反對自己觀點的時候，一定也有他的道理，那他的道理是甚麼呢？

　　其實人愈長大，學的東西不一定會越來越多，反而是鞏固自己的偏見越來越多。所以，接受不同的價值觀，就算接受不了，至少也要允許對方說完。

　　作者在書中給了一個練習方法，先回想一次讓自己真正發火的衝突，然後問自己五個問題 —— 為甚麼這個人覺得自己有道理？為甚麼會做這些事情？他需要甚麼？我是不是對他也有責任？應該怎麼做才能夠讓我倆

有效對話？當你覺得對方不可理喻、不想對話的時候，在頭腦中想一遍這幾個問題，就可以慢慢找到思路了。

打斷原則

當衝突爆發時，如果發現自己沒法控制局面或打斷對方的時候，給對方一個台階，不予計較也是一個辦法。

羅傑・古爾德（Roger V. Gould）是美國著名社會學家，他在《意願的衝撞》裏說：「衝突是人們界定彼此支配關係的一種手段。在建立支配的標準清晰而且無可爭議的情況下，衝突不容易發生。當糾紛雙方不清楚各自的地位高低和權力邊界時，才容易發生暴力衝突。」

另外，樹立自己的邊界，還要多次強調它，例如我喜歡強調我不愛接電話；我不愛參加無效社交；我不喜歡早上跟人談事……當你充分向別人表達自己的邊界，衝突就不容易找到你，因為大家已經提前了解，也會尊重你。只要樹立了自己的邊界，就不要怕衝突。

因為你正在篩選自己的朋友，至少你在篩選讓自己舒服的人。

對待衝突還有一個原則，總結起來就是九個字——不挑事、不怕事、能了事。願我們都能做到。

25 學會道歉是一種能力

　　為人處世，盡量不要把人逼到道歉的地步。道歉意味着面子已經被撕破，現在正在努力地復原。撕破臉，百害而無一利。如果已經撕破了臉，也不是沒有辦法，學會道歉或許能觸底反彈。

道歉的方法

　　美國學者亞當·加林斯基（Adam Galinsky）和馬利斯·施韋澤（Maurice Schweitzer）分別在哥倫比亞大學與沃頓商學院執教，他們在合作的新書《怪誕關係學》中，有一章專門介紹道歉的方法。他們總結了要點，我加上自己的理解和看法，希望能給你帶來啟發。

1. 時機

　　時機很重要，許多明星在公開場合道歉的時候說得都不錯，但就是輸在不夠迅速，沒有第一時間站出來。在輿論場上，愈快愈能掌握時機。還有，道歉可能不止一次，因為事情有可能進行第二次發酵，這個時候必然要第二次道歉。

　　對於普通人，道歉其實可以不用那麼快。有人喜歡犯錯了就道歉，覺得這樣比較好，但這樣容易讓自己陷入對方的情緒中，這時麻煩也就加倍了。

2. 態度要坦誠

我們為甚麼很不喜歡某些公司的道歉聲明，因為很多公關團隊只會含糊其詞玩弄文字遊戲，很不真誠。相反，某些公司的道歉又為甚麼讓人看後願意原諒，因為大家感受到了真誠。

3. 示弱

錯了就要挨打，弱一點總沒錯。別犯了錯還在堅挺着，對方下手或許更狠。

4. 關注受害人

很多公眾人物容易忘記這種方式，傷害了別人應該對別人道歉，而不是對公眾道歉。公眾會覺得你是因為輿論壓力大才道歉，對公眾道歉應該只有一句話：「對不起，佔用社會資源了。」

5. 承諾進行改變

承諾進行改變就是將致歉者一分為二的關鍵：「過去的我」犯下錯誤，「現在的我」已經全然不同。告訴對方，我已經改了，請給我一次機會。

6. 送禮物

很多時候，送禮是修復人際關係的必要部分。禮物的貨幣價值也許不高，卻象徵着悔悟。哪怕送個果籃，也是一種向對方請求原諒的態度。

7. 先對比，再說明

「我知道你可能覺得我做得不好（對比），但恰恰相反，我每天都很努力（說明）。」

「我知道相比於之前的關係，這句話我說得不太好（對比），但我真的不是這個意思（說明）。」

別人不原諒該怎麼辦？

既然道歉了，就會面臨這個問題。如果別人不原諒你怎麼辦？如果矛盾太大，不原諒也很正常。

如果對方不原諒，請一定記得，誰說道歉只道一次，誰說道歉只是口頭的？

正式道歉裏，「對不起」是免費的，沒人會因為一句「對不起」而原諒你。一定是背後的原因讓自己扛不住。所以很多人寧可不道歉，也不能開這個頭。如某導演被法院起訴抄襲，要求道歉，他為甚麼不道歉呢？因為道歉造成的連鎖影響可能更大，有些可能是經濟上的。

請記住，「對不起」不是結束，只是道歉的開始。我的建議是，可以向對方提出賠償的要求。

如果你們過去是同事、朋友，還要繼續合作或交往，還要加上一句：「希望您能不計較我的錯誤，繼續和我合作下去。」

不要過度地道歉

如果因為一件小事，不停道歉，對方還不原諒怎麼辦？答案是停止道歉。

加拿大社會學家瑪哈・約萬諾維奇（Maja Jovanovic）提出，在日常生活中，人們常常為不是自己的過錯道歉。這種過度道歉不僅對我們毫無幫助，而且會損害我們的自信。道歉早晚都可以，但自信毀掉，要很久才能找回來。

比起說「對不起」，我們可以使用另外一個神奇的詞——「謝謝」。約萬諾維奇以自己的親身經歷為例。有次午餐會，一位學者遲到，他一邊等一邊想，對方會怎樣道歉。結果當對方來到時只微笑着說了一句話：「謝謝你們的等待。」所有人都說「沒關係」，接下來的午餐仍然很愉快。

在工作中，不停地道歉是最沒用的一種方式。與其因為做錯了道歉，還不如抓緊拿出解決方案。

當客戶、合作夥伴、上司有困擾，來抱怨、發脾氣時，一定要把道歉控制在交談的最初幾秒之內，同時立刻提出解決方案。

在措辭上，注意少用「道歉」和「對不起」這樣的詞，應該說：「不好意思，確實沒注意到，那您有甚麼需求？」、「抱歉，那我們討論一下接下來應該做甚麼。」、「您說得對，謝謝您的理解。那接下來我能為您做甚麼？」

　　客戶並不在意怎麼道歉，而在意你如何拿出高質量的解決方案，這才是好的道歉。

減少錯誤

　　最好的道歉方法只有一個 —— 減少錯誤，僅此而已。

26 怎樣處理關鍵對話？

在我們的生活裏，總有一些對話是十分關鍵的，我們稱為「關鍵對話」。

總的來說，關鍵對話有三個特徵：

第一，對話雙方的觀點不同；

第二，對話存在高風險，如指出老闆的錯誤行為；提醒老婆該減肥了；

第三，對話雙方的情緒激動，如在商務談判中雙方不妥協，陷入僵局。

觀點不同、高風險和情緒激動，被稱為關鍵對話的三要素。

想想看，我們有多少次遇到過這樣的關鍵對話，又有多少次，把關鍵對話處理不好？

為甚麼很多人處理不好關鍵對話？也別太自責，這源頭都在我們的基因上，任何物種的第一目標都是求存，在遠古時代，我們面對危險的時候，只有兩個選擇，要麼逃跑，要麼消滅對方。

直到今天，我們雖然已經不太經常遇到危險，但當對方的話語中勾起了我們對危險的警覺，我們也會要麼逃跑，要麼消滅對方。具備這三個特點的語言，往往就代表着危險的信號，當這些話語靠近我們時，我們的身體會分泌腎上腺素，大腦會把血液輸送到四肢和肌肉，

做好戰鬥或逃跑的準備。也就是說，這時候我們的大腦是供血不足，會嚴重影響我們的理性思考，畢竟腦子裏沒血，四肢卻很有力。這種狀態就解釋了為甚麼我們平時說話挺可愛，一旦碰到了關鍵對話，就會變得手足無措。

當你發現對話從正常的討論變成激烈的爭執時，你就得留意，這很有可能就是一場關鍵對話。還有一些行為方式的變化，如提高嗓門、大聲喧嘩、髒話連出、指手畫腳，或從熱烈討論變得異常安靜，這些都可能是關鍵對話的信號。那我們應該怎麼處理？

四個方法處理關鍵對話

《關鍵對話》裏提供了一套很有價值的分析，以下四個方法大家不妨參考一下。

1. 明確對話目的

我們不止一次說過對話目的的重要性，<u>在正式溝通前，應該明確自己的溝通目的是甚麼。在聽別人說話時，也要思考對方的目的是甚麼</u>。

如一次討論成本縮減計劃會議上，一位經理對 CEO 說：「你又是讓我們雙面打印，又是放棄升級設備，你自己卻在花大錢裝修辦公室，聽說光買家具就花了 15 萬美元，是這樣嗎？」

他當着很多人前說了這段話，氣勢洶洶，這就到了關鍵對話的時刻，經理對 CEO 提出了質疑。一般我們遇

到這樣的攻擊，第一反應就是攻擊回去或逃避，但其實這些都不對。

正確的應對應是這樣：首先，CEO 克制自己的情緒，說：「這個問題提得好，我們必須討論一下，你能提出這麼尖銳的問題，說明你很信任我，謝謝！」這句話一出，先化解對方的情緒，然後再開始說自己的話。

請記住，任何討論之前都要問自己 —— 這次對話的真正目的是甚麼？從剛才的對話看，是推行縮減成本計劃，如果這時候 CEO 和經理吵起來，就甚麼都討論不下去了。

所以說，在對話的每個階段，都要提醒自己明確對話目的，一旦發現自己有逃避或是暴力傾向，就證明已經開始偏離對話目的了，要趕緊回到正軌上來。我們很多上司講話時，從來不管目的是甚麼，讓感情把自己帶着走，走到哪兒算哪兒。誰提出了不同意見，第一反應就是發狂，但其實上司要做的不過是明確目的，把情緒放在一邊。

2. 營造安全的對話氛圍

我們在對話中，首先考慮的應該是對話的氛圍，其次才是對話的內容，只有在安全的對話氛圍，人們才可以暢所欲言，達成共識。所謂安全的對話氛圍，就是讓對方感受到這次對話你們是有共同目標的，是要解決問題的，而不是你輸我贏的辯論。

關鍵對話更需要一個安全環境。你先確保對方的溝通環境安全，對方才能盡可能給你提供更多訊息。我經常會在關鍵對話前開一個玩笑：「我們先商量好啊，無論我今天說甚麼都不能打我啊！」大家一笑，我就開始說話了。

3. 從事實入手

有一本書《用事實說話》，讀完後整體的感覺是，我們越來越多的人已經忘記要用事實跟人交流了；相反，我們總是在表達情緒。

在我們情緒化的時候，不管別人說甚麼，都會被我們過度解讀，覺得對方在針對我們、挖苦我們。久而久之，我們的對話會離真相越來越遠。

有很多不健康心理的形成原因都是因為我們和事實相去甚遠，如說受害者心理，總是把自己想成無辜的受害者，認為一切問題都是對方造成的，甚麼都是別人害的。

一般情況下，我們基於一個事實做出主觀判斷，這個判斷就會讓我們產生情緒。值得注意的是，情緒來源於我們的主觀判斷，而不是事實本身。所以，當我們進行關鍵對話時，最重要的是聽對方情緒中夾雜的事實。

我們想跟對方溝通，開頭第一句就不應該是指責對方，因為這樣說解決不了任何問題。可以先從事實入手，然後再說自己的判斷，例如你想報讀英語專科，爸爸卻想讓你報其他專科。你不應該指責爸爸是個控制

狂，而該說：「你說的那個專科就業率不高，其實我喜歡英語專科。」請注意，這兩句話都是事實。

4. 了解對方的真實動機

我們已經多次聊過動機，再舉個例子：

最近你的女兒學習成績下降得很厲害，而且穿一些奇奇怪怪的衣服，滿口髒話。你很着急，你或者會罵她、打她，但是這樣做你永遠走不進她的內心。

其實，你可以通過溝通了解她的動機，如她是不是在叛逆期；是不是看了某個同學有相同的打扮；是不是學校裏有壞孩子欺負她……了解動機後，接下來就知道該怎麼做了。

「關鍵對話」在人生中一定會經常出現，不要怕，在相遇之前，記得找這本書來看看如何化解它。

當你和別人
發生衝突時

1. 找到雙方矛盾之關鍵點；

2. 助對方找到自己的需求；

3. 接納對方的情緒；

4. 增強好奇心；

5. 打斷原則。

如果別人不原諒你
怎麼辦？

正式道歉裏，「對不起」是免費的，
沒人會因為一句「對不起」原諒你。

請記住，「對不起」不是結束，
只是道歉的開始。

結語

語言的未來

終於到了尾聲。

今天，人雖然很多，但人們逐漸開始細分成許多不同的群體。任何一個話題，你都能聽到不同的解答，這些變化也都是從語言開始。就像前一段時間忽然興起的嘻哈音樂，一些年青人，忽然很自豪地、習慣性地把每句話最後的尾音押韻；後來，這種語言體系遭到了批評，這樣的趨勢開始下降，但你依舊看到一些新的文字來自二次元、動漫、網絡用語……在這樣的情境下，有些詞就只在自己的圈子中被使用，還有些詞出了圈，這就是每年我們都會聽到不同的新詞的原因，這就是語言的進化。

許多新詞甚至影響到了國外，如 tuhao（土豪）、dama（大媽）等中文網絡熱詞以單詞形式收錄進《牛津英語詞典》，近年來國際英語的新增詞彙中，有將近20% 來自漢語。這背後可能是文化的交換，也可能是中國經濟地位的變化。在最後，我們稍微聊得深一些，看看未來語言的發展會是甚麼樣。

根據 1994 年史蒂芬・平克（Steven Arthur

Pinker）的作品《語言本能》的記載，目前，世界上仍有 5,000 多種不同的語言存在。在 1963 年，語言學家約瑟夫‧格林伯格（Joseph Greenberg）對分佈於五大洲的相隔遙遠的 30 種語言進行了比對，其中包括塞爾維亞語、意大利語、巴斯克語、芬蘭語、斯瓦希里語、柏柏爾語、土耳其語、馬薩語、希伯來語、印度語、日語、緬甸語、馬來語、毛利語、瑪雅語、蓋丘亞語（印加語的支脈）等。格林伯格只是想看看這些語言是否擁有一些共同的語法特徵。於是他第一次比對的重點是單詞和語素的排列次序，結果發現了至少 45 個共同點。

其實我們也能看到，現在越來越多的語言正在以一種加速融合的方式進行互相替換。

根據語言學家邁克爾‧克勞斯（Michael Krauss）預測，目前有 150 種北美印第安語瀕臨消亡，這個數字佔現存北美印第安語的 80%。

其他地區的形勢也同樣嚴峻，阿拉斯加和北西伯利亞的瀕危語言有 40 種（佔現存量 90%）；中美洲和南美洲有 160 種（佔現存量 23%）；俄羅斯有 45 種（佔現存量 70%）；澳洲有 225 種（佔現存量 90%），全球大約有 3,000 種（佔現存量 50%）。目前只有大約 600 種語言因為使用人數較多（10 萬人以上）而顯得相對安全，但這也無法保證它們就一定能夠存活很久。即使樂觀地估計，也將有 3,600-5,400 種語言（佔全世界語言的 90%）在 22 世紀裏瀕臨滅絕。

其實對個體來說，這樣的事情也很常見。倘若每一

個長大的人都要被迫接受一種新語言，忘記舊語言，語言的多樣性很可能就會越來越少。那未來，人類會不會只有一種語言呢？

很早以前，語言學家已經開始研究語言差異的原因了，後來經過研究，語言學家發現——遺傳、變異、隔離是導致語言差異的三大原因。

隨着互聯網時代到來，隨着全球一體化，越來越多語言開始有了相似和相通之處，就好比我們現在說「再見」，也會隨口說句「拜拜」，有些喜歡日本動漫、日劇的朋友，甚至會開口說一句 "sai you na na"。我們也沒必要覺得文化被入侵，就像現在許多美國人見面，也會情不自禁地說 "long time no see"。這背後有着複雜的歷史、文化、經濟的原因。

去日本的時候，我買了支翻譯筆，這支翻譯筆完全代替了翻譯，幾乎可以翻譯我說出的 80% 的文字和語句，有時候我就算話很長，它也能隨即翻譯出來。未來語言融合除了各種人為因素，人工智能也會佔一席之地。

總的來說，人們之間的交流開始越來越緊密，未來是一片好光景。

人類語言已有 400 萬年的進化史，但人類的語言是如何邁出第一步，至今還是個謎。史蒂芬‧平克（Steven Arthur Pinker）預測，在不遠的將來，人類大多數語言都將徹底消失。

這背後肯定是包含大量的語言進化和進步。我很期待看到語言進步背後給我們帶來的新產物，更期待的

是，我們每個人都能看到自己也在這個時代的洪流中。

　　謝謝你選擇這本書，如果你看完這本書對語言稍微有些興趣，對我來說就值得了。其實當你讀到這兒，也就是你走入這時代的洪流的開始，語言的學習還需要很長的路，在語言面前，我們也只是小學生，我想你和我一樣，都期待看到未來語言會走向何方。我們一起拭目以待。

　　再次感謝你，陪我一起度過一段學習的旅程。希望你能堅持練習，保持好奇心才能有所收穫。只有一直在學習的人，才會在這時代的洪流裏，不被淘汰。

著者
李尚龍

責任編輯
簡詠怡

裝幀設計
羅美齡

封面插圖
Freepik.com

排版
何秋雲

出版者
萬里機構出版有限公司
香港北角英皇道 499 號北角工業大廈 20 樓
電話：2564 7511　　傳真：2565 5539
電郵：info@wanlibk.com
網址：http://www.wanlibk.com
　　　http://www.facebook.com/wanlibk

發行者
香港聯合書刊物流有限公司
香港荃灣德士古道 220-248 號荃灣工業中心 16 樓
電話：2150 2100　　傳真：2407 3062
電郵：info@suplogistics.com.hk
網址：http://www.suplogistics.com.hk

承印者
美雅印刷製本有限公司
香港觀塘榮業街 6 號海濱工業大廈 4 樓 A 室

出版日期
二〇二一年九月第一次印刷

規格
特 32 開（213 mm × 150 mm）

原著作名：1 小時就懂的溝通課
作者：李尚龍
本書由北京磨鐵文化集團股份有限公司授權出版，通過明洲凱琳國際文化傳媒（北京）有限公司
代理授權，限在港澳地區發行。
非經書面同意，不得以任何形式任意複製、轉載。